흔들흔들 파동

정완상 지음

이 책은 각 **스테이지**별로 재미있는 이야기와 함께 다채로운 코너들로 꾸며져 있습니다.

과학 동화
주인공과 함께 가상현실을 모험하면서 과학 원리와 개념을 쉽고 재미있게 익힐 수 있어요.

과학 영재 되기
이야기에 나왔던 과학 원리와 개념을 교과서와 연관하여 보다 자세하게 배울 수 있어요. (2009년부터 단계적으로 시행되고 있는 새로운 교육과정 기준)

실력 쌓기 퀴즈퀴즈
기본 다지기/ 서프라이즈 진실 혹은 거짓/ 알쏭달쏭 내 생각 등의 다양한 퀴즈를 통해 학습 개념과 관련된 놀랍고 흥미로운 사실들을 알 수 있어요.

부록: 과학자가 쓰는 과학사
이 책의 내용과 관련 있는 과학자가 직접 들려주는 자신의 삶과 업적을 통해 과학자를 더욱 친근하게 만날 수 있어요.

추천의 글

여러분은 상상이 잘 안 되겠지만 선생님은 초등학교 시절 교과서 외에 읽을 수 있는 책이 없었습니다. 한 권 있는 지도책을 등잔불 밑에서 보고 또 보며 세계 여러 나라와 도시 이름을 외우며 상상의 나래를 펼치곤 했지요.

50여 년이 지난 지금도 그때 너덜너덜해진 지도책을 생각하면 저절로 지구상의 모든 나라들이 머릿속에 그려집니다. 읍내에 있는 중학교에 들어가면서 다행히 뉴턴과 아인슈타인, 에디슨 등과 같은 인물들을 책으로 만날 수 있었고, 그때부터 저는 과학자가 되겠다는 꿈을 키웠고 대학에서 과학을 전공하고 교수가 되었습니다.

책은 우리 미래를 밝히는 등대입니다. 선생님은 "GO! GO! 과학특공대"가 여러분을 더 넓은 세상과 더 나은 미래로 이끄는 푸른 신호등이 되리라 확신합니다. 여러분이 학교에서 배우고 있는 내용들을 즐겁고 재미있게 느끼도록 만들었으니까요.

위대한 과학자 뉴턴은 "나는 진리의 바닷가에서 반짝이는 조개껍질 하나를 줍고 기뻐하는 어린아이와 같다."라고 했습니다. 여러분도 "GO! GO! 과학특공대"를 읽고 뉴턴이 느꼈던 그 기쁨을 마음껏 누려보길 바랍니다.

전우수(전 한국 초등과학교육학회 회장 · 공주교육대학교 교수)

이 책을 읽는 어린이들에게

언제나 날 본체만체하는 우리집 야옹이를 알아가는 것, 친구와 하는 내기에서 빨리 셈하는 방법을 알아내는 것, 밤하늘의 반짝이는 별들의 이름을 찾아보는 것은 즐거운 일이지만, 생물을 공부하고, 수학을 공부하고, 과학을 공부를 하는 것은 어렵습니다.

아니, 솔직하게 말해서 공부는 어렵다기보다 하기 싫은 것이죠. 그럼 왜 공부가 하기 싫을까요? 그것은 어른들한테도 어느 정도 책임이 있답니다. 어른들은 1등, 2등밖에 모르기 때문입니다. 사실 엄마 아빠도 모두가 1, 2등을 한 것도 아니면서 말입니다.

학교 갔다 와서 친구들과 축구를 한다거나 컴퓨터 게임을 하면 재미있죠. 맞습니다. 이 글을 쓴 선생님도 학교 갔다 오면 친구들과 동네를 휩쓸고 다니며 노는 것이 공부보다 즐거웠답니다. 그렇게 놀기만 하다 보니 공부가 점점 더 싫어지더라고요.

그러다가 된통 어머니께 꾸중을 들은 날이 있었습니다. 그날 눈물콧물 줄줄 흘리며 혼자 방 안에 앉아 있는데 '그렇게 놀기만 해서는 커서 빈털터리 건달밖에 안 돼.'라는 어머니 말씀이 자꾸 생각나더라고요. 그래서 공부하는 데 취미를 붙여 보려고 책 읽는 연습부터 했죠. 하기 싫은 것을 억지로 한다고 해서 될 것이 아니라는 것을 알았기 때문에, 책 읽는 연습부터 한 거예요.

일을 안 하고는 생활할 수 없듯이, 여러분도 아주 조금씩이라도 공부에 관심을 가져야 합니다. 이건 경험을 통해 알게 된 거예요.

그래서 전 어렸을 적 저처럼 아주 공부하기를 지겨워하는 학생들을 위해 이 책을 썼습니다. 이 책을 재미있게 읽다 보면 몰입하는 즐거움을 느낄 수 있습니다.
　몰입이 뭐냐고요? 몰입은 한 가지 일에 푹 빠지는 것을 말합니다. 그러다 보면 바깥이 궁금하고 컴퓨터를 켜고 싶은 생각은 싹 사라지고, 궁둥이도 무거워지겠지요.
　이 책에서 여러분은 꼭 배워야 할 내용들을 생활이며, 체험이며, 놀며 즐기는 놀이로 알아갈 수 있습니다. 어떻게 그렇게 하냐고요? 이 책을 통하면 못할 것이 없습니다. 어디든 갈 수 있고 무엇이든 할 수 있죠. 이 책의 주인공들이 경험하는 일들은 모두 우리가 배워야 할 것들이고, 신기하게도 이 친구들을 따라가다 보면 지겨울 틈도, 졸릴 틈도 없답니다.
　사실이냐고요? 그럼 선생님 말이 맞나 안 맞나 확인해 보면 되죠. 책장을 펼치고 기대해 보세요. 선생님이 공부를 즐겁게 할 수 있는 마법을 걸어 줄게요. 준비가 되었다면 힘차게 책장을 넘겨 봅시다.

지은이 씀

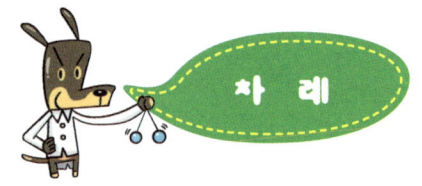

파동 | 주인공 소개 ★ 08

스테이지 1 자이안 왕국　파동이란 무엇인가? ★ 10

과학 영재 되기_ 26
- 파동의 뜻 / 파동에는 어떤 것들이 있을까? / 파동을 전달하는 물질 / 파동은 어떤 모습일까? / 파동을 만들어 보자 / 파동의 주기와 진동수
- 생활 과학 카페: 지진해일(쓰나미)_ 36

실력 쌓기 퀴즈퀴즈_ 37
- 기본 다지기 / 서프라이즈 진실 혹은 거짓 / 알쏭달쏭 내 생각

아하! 알았다 정답_ 40

스테이지 2 바이샤 왕자와의 만남　소리(음파) ★ 42

과학 영재 되기_ 54
- 횡파와 종파 / 소리는 종파다
- 생활 과학 카페: 소닉붐 현상_ 59

실력 쌓기 퀴즈퀴즈_ 60
- 기본 다지기 / 서프라이즈 진실 혹은 거짓 / 알쏭달쏭 내 생각

아하! 알았다 정답_ 62

스테이지 3   전자레인지 안에 갇힌 피즈팬   **빛(전자기파)** ★ 64

과학 영재 되기_ 76
- 파동으로서의 빛 / 빛의 파장
- 생활 과학 카페: 전자레인지의 원리_ 81

실력 쌓기 퀴즈퀴즈_ 82
- 기본 다지기 / 서프라이즈 진실 혹은 거짓 / 알쏭달쏭 내 생각

아하! 알았다 정답_ 84

스테이지 4   최후의 결전   **파동의 성질** ★ 86

과학 영재 되기_ 102
- 파동의 반사 / 초음파와 초저주파 / 파동의 굴절
- 생활 과학 카페: 천둥이 칠 때 낮은음만 길게 여운으로 남는 이유_ 107

실력 쌓기 퀴즈퀴즈_ 108
- 기본 다지기 / 서프라이즈 진실 혹은 거짓 / 알쏭달쏭 내 생각

아하! 알았다 정답_ 110

부록 | 호이겐스가 쓰는 과학사 ★ 112

[주인공 소개]

안녕? 나는 피즈팬이라고 해.

피 즈 팬

물리천재 피즈팬은 12살 소년이다.

피즈팬은 다른 아이들처럼 학교에 다니지 않고,

아빠가 만들어 주신 SR로 무엇이든 공부할 수 있다.

SR은 Scientific Reality!

번역하면 '과학현실'이라는 프로그램이다.

우리가 가상현실 게임 속에서

로켓 조종사가 되기도 하고

골프선수가 되기도 하듯

피즈팬은 SR을 통해 다양한 세계를 여행하면서

물리에 대한 모든 것을 배울 수 있다.

피즈팬이 오늘 배우고 싶어하는 주제는 파동에 관한 것이다.
물리천재에게 그런 게 왜 필요하냐고?
아빠는 기본 개념에 충실해야 한다고 항상 강조하신다.
그래서 피즈팬은 전기에 대한 SR을 시행하기로 결심했다.
피즈팬이 SR의 초기화면에서 '**과학 〉 물리 〉 파동**'을 선택하자
다음과 같은 메시지가 나타났다.

파동에 대한 SR 프로그램입니다.
당신은 다음 상황을 체험하게 됩니다.

☐ **피즈팬, 자이안 왕국으로 가다.**

스테이지 1

자이안 왕국
파동이란 무엇인가?

한 지점에서 일어난 진동이 옆으로
전해지는 것을 **파동**이라고 한다.

화창한 봄날이었다. 학교를 마치고 돌아온 피즈팬은 현관에 책가방만 벗어 놓고 곧장 집 앞 호수로 뛰어나갔다. 그곳에서 여자친구 수피아를 만나기로 했기 때문이다.

피즈팬보다 한 살 어린 수피아는 요즘 보트 타는 재미에 흠뻑 빠져 있었다.

"오빠, 빨리 와!"

먼저 나와서 기다리던 수피아가 집에서 뛰어나오는 피즈팬을 발견하고 큰 소리로 외쳤다. 수피아와 피즈팬의 집 사이에 호수가 있었기 때문에, 피즈팬은 항상 보트를 타고 수피아를 데리러 갔다.

수피아가 부르는 소리에 마음이 급해진 피즈팬은 서둘러 보트에 올라탄 후 열심히 노를 저었다. 호수에는 배를 타는 사람이 아무도 없었다. 잔잔한 호수 위로 피즈팬이 탄 보트만이 수피아를 향해 끄덕끄덕 나아갔다.

조용히 물살을 가르며 노를 젓던 피즈팬은 보트가 위아래로 미세하게 흔들리는 것을 느꼈다. 피즈팬은 잠시 노 젓기를 멈추고 보트의 흔들림을 확인했다.

하지만 그것도 잠시, 갑자기 호수의 수면이 위아래로 크게 출렁거리는가 싶더니 호수가 요동치며 피즈팬이 탄 보트를 세차게 뒤흔들었다. 피즈팬은 물에 빠지지 않으려고 보트의 난간을 단단히 부여잡았다.

"오빠! 왜그래, 무슨 일이야? 노를 저어서 어서 거기서 빠져나와!"

호수 밖에서 피즈팬을 지켜보고 있던 수피아가 발을 동동 구르며 소리쳤다.

호수의 수면이 점점 더 거칠게 출렁거렸다. 마치 풍랑이 이는 바다처럼 호수에 파도가 치고 세찬 바람마저 불었다. 호수에서는 일어날 수 없는 일이었지만, 이 무섭고도 황당한 일이 피즈팬과 수피아 앞에서 벌어지고 있었다.

그뿐만이 아니었다. 호수 위의 하늘도 검게 변해갔다. 호수는 급기야 모든 것을 집어삼킬 듯이 괴물 같은 파도를 만들어 내더니 피즈팬과 피즈팬이 타고 있던 배를 덮쳤다.

"으악! 살려 줘, 어푸! 살려 줘. 살려 줘, 엄마!"

피즈팬은 빠지지 않으려고 보트에 바싹 몸을 붙였지만,

보트는 마치 나뭇잎이 바람에 휘둘리듯 힘없이 파도에 휩쓸려 뒤집혔다.

'아……! 엄마, 아빠! 이건 꿈이죠? 그렇죠…… 그렇죠?'

물에 빠진 피즈팬은 조금씩 정신을 잃어갔다.

"오빠, 오빠……! 엉엉……."

호수에 빠진 피즈팬이 허우적거리는 모습을 지켜보던 수피아는 땅바닥에 주저앉아 엉엉 울음을 터뜨렸다.

 얼마나 지났을까, 겨우 정신을 차린 피즈팬이 살며시 눈을 떴다. 자리에서 일어나 주변을 둘러보니 낯선 풍경이 눈앞에 펼쳐져 있었다. 피즈팬은 정신이 번쩍 들었다.

 "여기가 어디지? 내가 죽었나? 아님 모르는 동네로 떠내려 온 건가?"

 피즈팬은 혼잣말을 하며 여기저기를 둘러보았다. 그런데 이상하게도 피즈팬 앞에 펼쳐진 풍경은 같은 그림을 연달아 이어붙인 듯 좌우가 똑같은 모습이었다. 그 이유는 같은 모양의 나무들이 쉼 없이 이어지고 있었기 때문이었다.

 "이상하네, 이렇게 많은 나무가 왜 하나같이 다 똑같은 모습일까? 게다가 나무들이 왜 이렇게 큰 거야?"

 피즈팬은 나무줄기를 따라 천천히 위로 시선을 옮겼다. 그런데 이게 웬일!

 "헉! 이게 뭐야, 나무가 아니고 모두 갈대잖아! 맙소사!"

 피즈팬은 어안이 벙벙했다. 나무라고 생각했던 것들은 모두가 거대하게 큰 갈대들이었다.

피즈팬은 정신이 아득해지는 것을 느꼈지만, 곧 정신을 가다듬고 곧장 갈대숲 사이로 난 길을 따라 걷기 시작했다. 이 혼란스러운 상황에서 빨리 벗어나고 싶었다. 평소라면 아무렇지 않게 여길 갈대였지만, 엄청나게 커진 갈대들은 무척 위협적으로 느껴졌다.

정신없이 앞만 보고 걷고 있는데, 어디선가 사람이 우는 소리가 들려왔다.

"흑흑흑, 난 이제 어떡하지?"

나무, 아니 갈대 뒤에서 한 소녀가 울고 있었다. 피즈팬은 가던 길을 멈추고 소녀가 있는 곳으로 가 보았다. 소녀도 피즈팬처럼 난감한 상황에 빠진 것 같았다. 소녀를 도와야 할까, 말아야 할까, 피즈팬은 잠시 고민에 빠졌다.

'아, 수피아가 다른 여자애랑 단둘이 있는 거 싫어하는데. 그렇다고 곤경에 처한 사람을 못 본 척해? 저렇게 슬프게 울고 있는데?'

피즈팬은 잠깐 망설이다가 소녀를 돕기로 마음을 정했다. 그러고는 곧장 소녀에게 다가갔다.

"저기……, 넌 누구니? 무슨 일이야? 왜 이렇게 울고 있는 거야?"

"그쪽이 신경 쓸 일 아니거든요. 가던 길이나 가세요, 엉엉……."

 피즈팬이 어렵게 말을 붙인 것도 몰라주고 소녀는 차갑게 쏘아붙이고는 다시 엉엉 울어 댔다. 피즈팬은 무안했지만, 소녀의 울음소리에 차마 발을 뗄 수 없어서 다시 한 번 물었다.

"왜 그렇게 울고 있어? 저기, 난 피즈팬이라고 해. 난 길을 잃었어. 너도 길을 잃은 거야?"

 피즈팬이 진심으로 걱정하며 묻자, 소녀는 고개를 살며시 들어 피즈팬을 살폈다. 소녀는 피즈팬의 모습에 안심이 되었는지 눈물을 닦아 내고 조심스럽게 입을 열었다.

"난 자이안 왕국의 공주, 안드리아야. 너도 나처럼 몸이 작아진 모양이구나. 난 나쁜 마법사 크래시가 마법을 걸어서 이렇게 되었는데, 너도 같은 마법에 걸린 거야?"

"어, 마법? 마법이라……. 듣고 보니 그런 것 같아. 맞아, 마법이야. 난 마법에 걸린 거였어!"

안드리아의 말에, 피즈팬은 호수의 소용돌이며 갑자기 어두워지던 하늘을 떠올렸고, 자신이 마법에 걸렸다는 사실을 깨닫게 되었다.

안드리아는 피즈팬을 보고 있다가 무슨 생각이 난 듯 조심스럽게 입을 열었다.

"피즈팬……, 너 혹시 괜찮다면 날 좀 도와주면 안 될까?"

"응? 어떻게?"

"같이 있어 주기만 하면 돼. 혼자서는 크래시 일당들을 상대하기가 너무 힘들어."

"음……, 좋아! 내가 공주를 도와줄게."

피즈팬은 딱히 뭘 해야 할지 모르는 상황이었지만, 공주를 돕다 보면 자신도 원래의 모습을 찾을 수 있을 것 같아 흔쾌히 공주를 돕기로 했다.

쿵, 쿵, 쿵—

그때였다. 땅을 울리는 둔탁한 소리가 들려왔다. 피즈팬과 안드리아는 잠시 대화를 멈추었다.

"크래시 일당들의 발걸음 소리야!"

"뭐, 발걸음 소리? 난 지진인 줄 알았어."

"어서 도망가자. 안 그럼 저들의 발에 밟혀 죽고 말 거야."

얼굴이 하얘진 안드리아가 소리쳤다. 피즈팬은 안드리아에게 손을 내밀었다.

"내 손을 잡아, 안드리아."

둘은 손을 꼭 잡고 젖 먹던 힘을 다해 뛰었다. 하지만 자신들보다 덩치가 열 배는 더 큰 크래시 일당을 따돌리기에는 역부족이었다.

"푸하하, 요 녀석 여기 있었군! 가만가만, 그러고 보니

한 놈이 더 있네."

"뭐, 아무렴 어때. 둘 다 잡아가면 크래시 님께서 좋아하실 거야."

크래시 부하들이 키득거리며 피즈팬과 안드리아를 내려다보았다.

그러는 동안에도 피즈팬과 안드리아는 죽을 힘을 다해

달음박질쳤다. 하지만 곧 새로운 난관이 그들 앞을 막아섰다. 커다란 물웅덩이가 피즈팬과 안드리아 앞에 나타난 것이다. 예전 같았으면 폴짝 뛰어 건넜을 크기인데, 지금은 엄청나게 커 보였다. 돌아가자니 한참이 걸릴 것 같고, 그렇다고 질러갈 수도 없고.

그 순간, 피즈팬의 머릿속에 한 가지 생각이 떠올랐다. 그동안 갈고 닦았던 노 젓기 실력을 써먹을 때라고 생각했던 것이다.

"그래, 그렇게 하면 되겠어! …… 안드리아, 타!"

피즈팬은 바닥에 떨어져 있던 커다란 나뭇잎을 띄우고, 안드리아를 태웠다. 그러고는 주위의 나뭇가지를 노 삼아 웅덩이를 저어 나갔다. 그 모습을 보고 크래시의 부하들이 어이가 없다는 듯 콧방귀를 뀌며 웃었다.

"귀여운 녀석들. 물웅덩이에서 깜찍한 짓을 하는군."

놀잇감이라도 찾은 듯 크래시의 부하들은 피즈팬과 안드리아를 빤히 지켜보고 있다가, 그중 한 명이 웅덩이에 조그만 돌을 던졌다.

피즈팬과 안드리아가 듣기에 돌은 '풍~덩~'하고 큰 소리를 내며 물에 빠졌다. 피즈팬은 돌이 떨어지는 소리와 흔들리는 물결에 놀라, 손에 들고 있던 나뭇가지 노를 놓치고 말았다.

'이런, 이를 어쩐다…….'

피즈팬은 놓쳐 버린 노를 허탈하게 바라보았다.

"피즈팬, 어떡해? 배가 앞으로 안 가고 위아래로만 움직이고 있어."

"흐음…… 크래시 부하들이 던진 돌 때문에 '물결파'가 생겨서 그래."

"물결파? 아무튼 앞으로 나아가야 하는 거 아니야?"

"아니, 그렇지 않아. 파동은 물 알갱이들이 춤추듯 위아래로 오르락내리락하면서 옆으로 퍼져나가는 거야. 그러니까 물 위에 떠 있는 우리 배는 위아래로만 오르락내리락하는 거지."

피즈팬은 힘없이 말했다.

"그럼 어떡하지? 우린 노도 없잖아."

"그래, 어쩐다……? 그래! 공주 앞에서 좀 그렇지만 내 주특기를 발휘하는 수밖에!"

피즈팬은 잠시 깊게 숨을 들이쉬고 배에 힘을 주었다. 그러자 잠시 후 소리도 힘찬 초강력 방귀가 '뽕~!' 하고 터져 나왔다. 평소에도 피즈팬은 친구들 사이에서 방귀대장으로 불릴 만큼 방귀를 자주 뀌었고, 자랑은 아니지만, 방귀라면 누구에게도 지지 않을 자신이 있었다.

그런데 피즈팬의 방귀만으로 나뭇잎배를 움직이는 것은

무리였다.

"안 되겠다, 안드리아. 미안하지만 너도 방귀를 뀌어야겠어!"

피즈팬은 아랫배에 힘을 주다가 말고 안드리아에게 말했다.

"뭐? 지금 공주한테 방귀를 뀌라는 거야?"

안드리아는 설마 하는 표정으로 피즈팬을 바라보았다. 피즈팬도 만난 지 얼마 안 된 안드리아에게 좀 쑥스러운 부탁이었지만, 상황이 급박하여 어쩔 수 없었다.

"지금 그게 중요한 게 아니잖아. 나도 열심히 뀔 테니까, 너도 좀 도와줘. 방귀를 뀌어야 우리 배가 앞으로 나아갈 수 있다고."

"아이 참……, 알았어……."

안드리아는 잠시 주저하다가 얼굴을 붉히며 아랫배에 힘을 주었다. 그리고 곧이어 '뿌웅~'하고 방귀를 뀌었다. 안드리아의 방귀는 피즈팬의 방귀보다는 못했지만, 그래도 꽤나 강력한 것이었다.

초강력 방귀 덕분에 두 사람은 간신히 물웅덩이를 건널 수 있었다. 그리고 크래시 일당이 자신들을 비웃고 있는 사이, 근처의 우거진 갈대숲으로 몸을 숨겨 크래시 일당의 시야로부터 벗어났다.

당신은 스테이지 1을 통과했습니다.
다음 아이템을 받을 수 있습니다.

귀마개

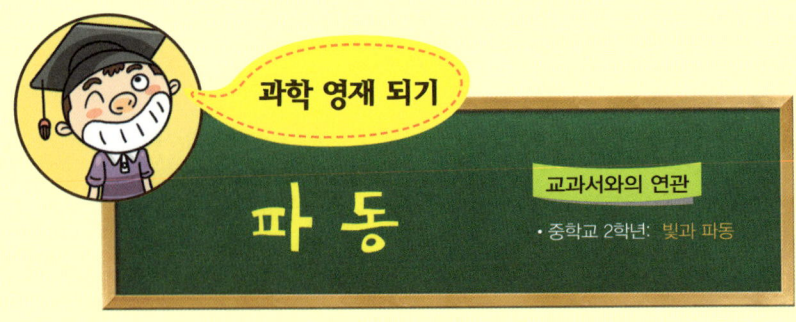

파동의 뜻

잔잔한 호수에 돌멩이를 던져 보세요. 어떤 무늬가 만들어지나요?

　돌멩이가 떨어진 곳을 중심으로 하는 동그라미가 여러 개 만들어질 거예요. 이렇게 만들어진 동그라미들은 중심이 모두 같은데, 이런 원들을 합쳐 동심원이라고 합니다. 그러니까 호수에 돌멩이를 던지면 **동심원**의 무늬가 만들어진다는 것을 알 수 있어요.

　동심원의 무늬가 만들어진 곳에 종이배를 살짝 올려놓아 보세요. 그러면 종이배는 이

잔잔한 물에 물방울이 떨어지면 중심이 같은 여러 개의 원이 만들어져요.

리저리 이동하지 않고, 제자리에서 오르락내리락거릴 거예요. 비슷한 경험을 해수욕장에서도 관찰할 수 있어요. 바다에서 튜브를 타고 파도타기를 해 볼까요? 파도가 가까이 오면 우리 몸은 튜브와 함께 오르락내리락할 거예요.

두 경우 모두 물이 퍼져 나가는 것 같지만 물은 제자리에서 위아래로 움직일뿐 실제로 옆으로 퍼져나가는 것은 진동이에요. 이렇게 어느 한 곳에 생긴 진동이 옆으로 퍼져 나가는 현상을 **파동**이라고 합니다.

파동에는 어떤 것들이 있을까?

우리는 주위에서 여러 가지 파동의 모습을 살펴볼 수 있어요. 호수에 돌멩이를 던졌을 때 만들어지는 동심원의 무늬를 **물결파**라고 합니다.

또한 줄의 한쪽 끝을 벽에 붙이고 다른 한쪽 끝을 흔들면 줄이 파도처럼 오르락내리

지진파 또한 파동의 한 종류입니다.
(1995년에 발생한 일본의 한신 대지진)

락거리는데, 이것은 **줄에 만들어진 파동**이에요.

지진이 발생하면 땅이 흔들리면서 건물이 무너지기도 해요. 왜 그럴까요? 그건 바로 **지진파**라는 파동 때문이에요. 지진파는 지구 속에서 생긴 진동이 지구의 껍데기인 지각으로 전달되는 파동이랍니다.

그런데 눈에 보이지 않는 파동도 있을까요? 물론이에요. 소리는 **음파**라고 부르는 파동이에요. 소리는 공기의 진동이 옆으로 퍼져 우리 귀에 있는 고막을 떨리게 해요.

빛도 눈에 보이지 않지만 파동이에요. 빛은 조금 어려운 말로 **전자기파**라고 해요.

파동을 전달하는 물질

파동은 어떤 물질이 전달할까요?

호수에 생긴 물결파는 물의 진동이 옆으로 퍼지는 파동이므로, 물이 물결파를 전달하는 물질이에요. 이렇게 파동을 전달하는 물질을 **매질**이라고 불러요. 매질은 물, 공기, 흙 등 모두가 그 역할을 합니다.

지진파의 매질은 지구 내부를 이루고 있는 물질이고, 줄에 생긴 파동의 매질은 줄 자신이에요.

그렇다면 소리(음파)의 매질은 뭘까요? 소리는 공기를 통해 우리 귀로 전달되니까 공기가 매질이랍니다.

파동은 어떤 모습일까?

줄의 한쪽 끝을 벽에 매달고 다른 한쪽을 흔들면 다음의 그림과 같은 파도 모양이 만들어집니다.

어랏! 산꼭대기처럼 높은 곳도 있고 산골짜기처럼 낮은

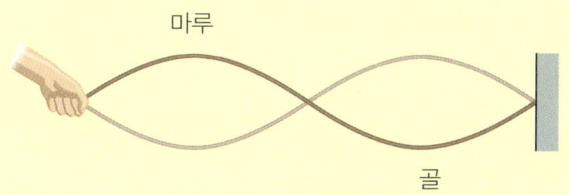
마루
골

곳도 있죠? 산꼭대기처럼 제일 높이 올라간 부분은 산꼭대기의 순우리말인 '산마루'에서 따온 **마루**라고 하고, 골짜기처럼 쑥 들어간 곳을 **골**이라고 해요.

줄을 계속 흔들어 볼까요? 줄에 마루와 골이 여러 개 만들어지는 것을 확인할 수 있을 거예요.

이때, 마루와 마루 사이의 거리를 파동의 **파장**이라고 불러요. 파장은 언제나 일정한 것이 아니라, 파장이 긴 파동도

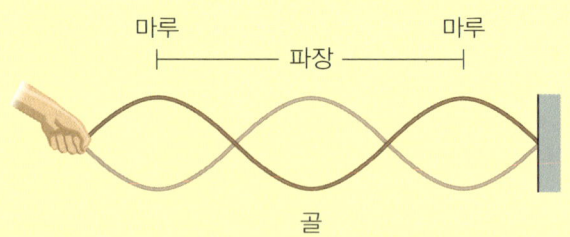

있고 파장이 짧은 파동도 있어요. 줄을 천천히 흔들면 파장이 긴 파동이 만들어지고, 줄을 빠르게 흔들면 파장이 짧은 파동이 만들어져요.

이번에는 파동의 진폭에 대해 알아보겠어요.

다음의 두 개의 파동을 살펴봅시다. 두 파동은 파장이 같

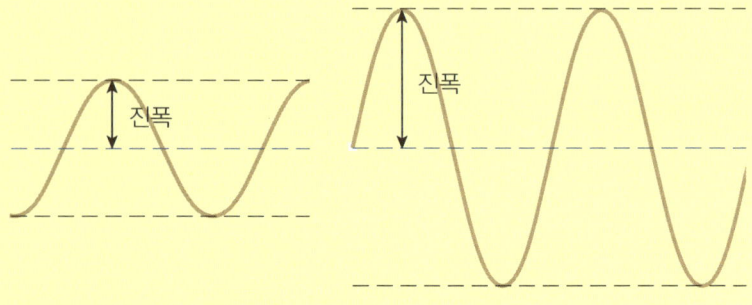

습니다. 그럼 뭐가 다를까요? 네, 오른쪽에 있는 파동이 더 높은 곳까지 출렁거리지요. 이렇게 파동이 위아래로 출렁거리는 폭을 **진폭**이라고 합니다. 따라서 오른쪽의 파동이 왼쪽의 파동보다 진폭이 훨씬 커요.

파동을 만들어 보자

지금부터는 재미있는 게임으로 파동을 만들어 볼게요.

  키가 똑같은 학생 8명을 일렬로 세우고, 배에 1번부터 8번까지 번호를 붙입니다. 학생들 앞에는 올라설 수 있는 낮은 의자를 준비합니다. 아래의 그림은 8명이 의자 앞에 서 있을 때 정면에서 본 모습을 간단하게 그린 것입니다.

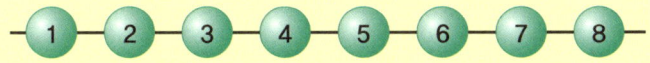

  '학교종' 노래는 한 박자에 하나의 가사가 오도록 다음과 같이 고칩니다.

학교종이 땡땡땡땡 어서모이 자자자자
선생님이 우리들을 기다리신 다다다다

한 박자마다 다음과 같은 동작을 하고 네 박자 후부터는 그 동작을 다시 반복합니다.

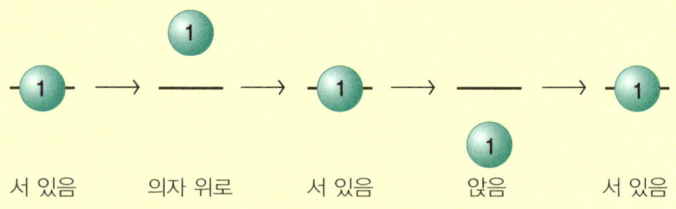

이제 1번 학생은 '학'에서 이 동작을 시작하고, 2번 학생은 '교'에서, 3번 학생은 '종'에서 시작합니다. 이런 식으로 다음 사람은 옆 사람보다 한 박자 뒤에 동작을 시작합니다.

자, 이제 모든 준비가 끝났습니다. 나머지 학생들이 천천히 '학교종이 땡땡땡' 노래를 부르고 8명의 학생들은 노래에 맞춰 돌림댄스를 춥시다.

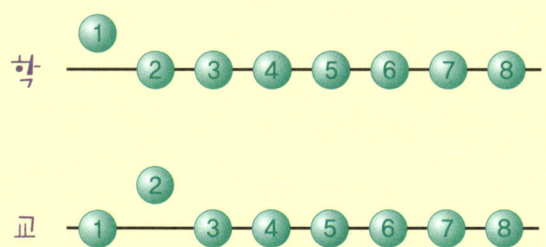

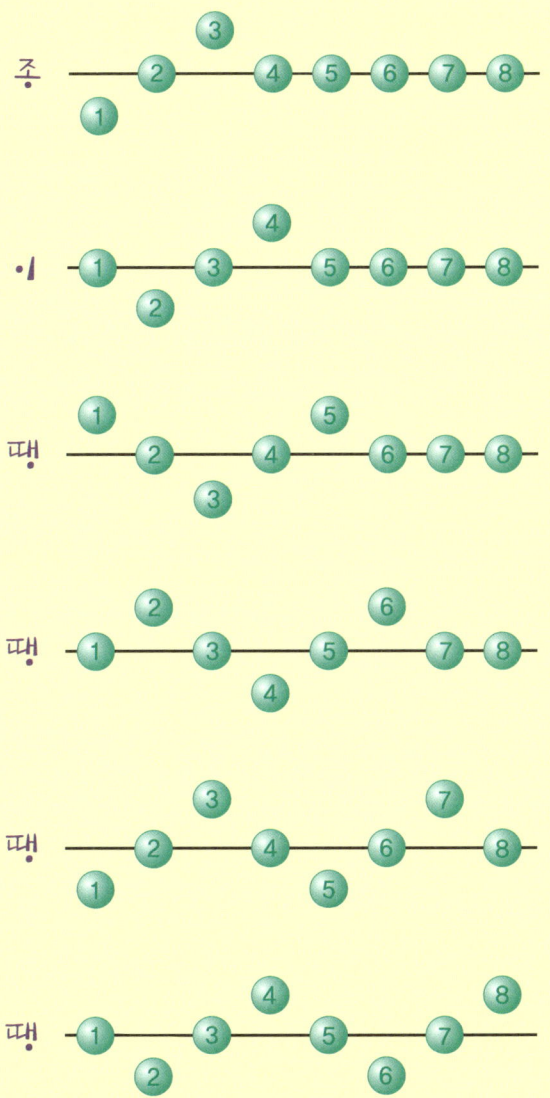

파동의 마루도 보이고 골도 보이죠? 8명의 학생이 매질이 되어 파동을 만들었습니다. 이제 우리는 이 파동을 '학교종파'라고 부릅시다.

파동의 주기와 진동수

'학교종파'를 통해, 파동의 주기와 진동수에 대해 얘기해 볼까 해요. 자, 1번 학생을 한번 봅시다. 처음 동작과 같은 동작을 다시 할 때까지 걸린 시간이 4초라고 해 봐요.

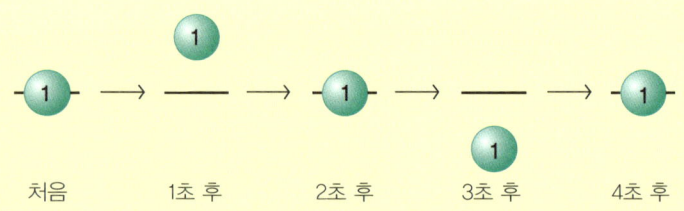

이렇게 매질(1번 학생)이 진동을 한 번 끝낸 시간을 **주기**라고 해요. 그러니까 한 주기만큼 시간이 지나면 다시 같은 진동이 반복된답니다.

'학교종' 노래를 조금 더 빠르게 부르면 어떻게 될까요? 주기가 달라지겠죠?

예를 들어, 주기가 0.5초라면 0.5초에 진동을 한 번 하는 셈이에요. 그렇다면 1초 동안 몇 번을 진동하나요? 당연히 두 번이지요. 이렇게 매질이 1초 동안 진동한 횟수를 파동의 **진동수**라고 합니다. 주기가 0.5초면 진동수가 두 번이니까, 진동수는 주기의 역수가 됩니다.

$$진동수 = \frac{1}{주기}$$

역수

어떤 수에 곱해서 1이 되게 만드는 수를 역수라고 한다. 예를 들어, 2에 $\frac{1}{2}$을 곱하면 1이 되므로 $\frac{1}{2}$은 2의 역수다.

진동수의 단위는 'Hz'라고 쓰고 **헤르츠**라고 읽어요. 그러므로 주기가 0.5초인 학교종파의 진동수는 2 Hz입니다.

헤르츠

하인리히 루돌프 헤르츠(1857~1894)는 무선 전파(무선 통신에 쓰는 전자기파)를 밝혀낸 물리학자로 파동의 진동수 연구에 큰 기여를 했습니다. 그래서 진동수의 단위를 그의 이름을 따서 헤르츠라고 이름 붙였답니다.

생활 과학 카페

지진해일(쓰나미)

지진해일은 해저(바닷속)에서 생긴 지진이 만들어 내는 높은 진폭을 가진 파도를 말합니다. 요즘에는 '쓰나미'라는 말을 더 많이 사용하지요.

바닷속에서 지진이 일어나면 지각의 진동이 바닷물의 거대한 진동을 일으켜 해수면 위의 먼 거리까지 전파해 나가 지진해일파가 만들어집니다. 이 지진해일파가 대륙 연안 쪽으로 접근하면, 수심이 얕은 바닥과의 마찰력이 커져 파동의 속도는 점차 줄어듭니다. 파동의 주기는 일정한데 속도가 줄어들면, 결과적으로 파장이 짧아지면서 파고(파동의 진폭)는 커집니다. 이때 해안에서 바닷물은 10~15분 동안 30 m 정도까지 솟아오르면서 엄청나게 큰 파도가 됩니다.

2011년 3월, 일본 동북부 해안에서 일어난 대지진으로 원자력발전소가 파괴되고, 대규모 쓰나미가 발생해 해안지역을 덮치면서 수많은 인명피해가 발생했습니다. 2004년 12월에는 거대한 쓰나미가 인도양 해안을 덮쳐 30만명 이상이 목숨을 잃었습니다.

지금까지 가장 파괴력이 컸던 지진해일파는 1703년 일본의 아와 지역에서 발생한 것으로, 10만 명 이상의 목숨을 앗아갔습니다. 또한 1883년 8월 26일과 27일에 일어난 거대한 규모의 해저 화산 폭발은 크라카타우 섬을 사라지게 했는데, 이때 동인도 여러 지역에서 35 m에 이르는 높은 해파가 발생했고, 3만 6천 명 이상이 목숨을 잃었습니다.

> 기본 다지기

1. 다음 중 파동이 아닌 것은?

    a) 거대한 파도　　b) 빛　　c) 달리는 자동차

2. 다음 중 파동과 매질이 잘못 짝지어진 것은?

    a) 물결파 – 물　　b) 음파 – 공기　　c) 적외선 – 공기

3. 주기가 0.25초인 파동의 진동수는?

    a) 0.25 Hz　　b) 2 Hz　　c) 4 Hz

4. 해일은 집채만 한 파도로 마을을 삼켜 버린다. 해일은 잔잔한 파도에 비해 어떤 값이 클까?

    a) 진폭　　b) 파장　　c) 진동수

서프라이즈 진실 혹은 거짓

1. 매질이 없는 파동도 있다.
   ☐ 진실   ☐ 거짓

2. 파동과 파도를 뜻하는 영어 단어는 같다.
   ☐ 진실   ☐ 거짓

3. 지진파는 고체 상태의 물질만을 통해 전달된다.
   ☐ 진실   ☐ 거짓

알쏭달쏭 내 생각

해안가에 위치한 '수잠 마을'은 파도가 많이 쳐서 물에 잠기는 일이 많았다. 그래서 고기잡이배가 파손되거나 마을 사람들이 애써 가꾼 농작물이 바닷물에 잠겨 농

사를 망치거나 가축들이 폐사하기도 했다.

무엇보다 심각한 것은 집채만 한 파도 때문에 해년마다 다치거나 죽는 마을 사람이 생겨난다는 것이었다.

더 이상의 재산과 인명 피해를 막기 위해서 수잠마을 이장은 외부 전문가와 마을 사람들로 구성된 비상대책위원회를 결성했다.

그리고 매년 반복되는 이러한 사고를 막을 방안을 찾기 위해 수잠마을 비상대책위원회는 회의를 열었다. 며칠 동안 회의를 거듭하던 끝에 비상대책위원회는 결국 마을 앞에 파도를 막아주는 방파제를 설치하기로 결정했다.

방파제 설치에 앞서 비상대책위원회는 그동안 수잠마을에 피해를 준 파도의 파장을 먼저 조사해 보기로 했다. 그랬더니 크고 작은 파도 중에서 가장 파장이 큰 것이 3m 정도였다.

그렇다면 수잠마을의 방파제 폭은 어느 정도가 되어야 할까? 여러분의 생각은?

☐ 3m 미만　　　　☐ 3m 이상

기본 다지기

1. c) 달리는 자동차는 파동이 아니다.

2. c) 적외선은 눈에 보이지 않는 빛이므로 매질은 없다.

3. c) 진동수는 주기의 역수이므로 $\dfrac{1}{0.25}$ = 4로, 진동수는 4Hz다.

4. a) 해일은 진폭이 큰 파동이며, 지진해일인 쓰나미의 진폭은 수십 미터에 달한다.

서프라이즈 진실 혹은 거짓

1. **진실**
   빛은 전자기파라는 파동인데, 이 파동은 매질이 없다. 매질이 있다면 중력이나 다른 것들의 영향을 받아 빛의 속도가 달라져야 하는데(물, 공기 등 모두가 중력의 영향을 받으므로, 중력이 큰 곳과 작은 곳에서 이들의 속도는 달라진다.), 많은 과학자가 연구한 결과 어떠한 경우에서도 빛의 속도는 항상 같다는 것이 밝혀졌다.

2. **진실**
   파도와 파동을 뜻하는 영어 단어는 모두 'wave'다.

3. 거짓

지구를 이루는 물질은 고체 상태의 물질만 있는 것이 아니다. 지구 속에는 액체 상태의 '외핵'이라는 부분도 있는데, 지진파는 이 부분을 거쳐 전달되기도 하므로 지진파의 매질은 고체와 액체 상태의 물질이다.

알쏭달쏭 내 생각

답 '3m 이상'이다.

파동은 자신의 파장보다 짧은 장애물은 잘 넘어가고 자신의 파장보다 폭이 긴 장애물은 잘 넘지 못한다.

스테이지 2

바이샤 왕자와의 만남
소리(음파)

소리는 매질이 단단할수록 더 빠르게 전달된다.

첫 번째 위기를 그럭저럭 넘긴 피즈팬과 안드리아는 크래시 일당으로부터 더 멀리 달아나기 위해 쉬지 않고 걸어야만 했다.

"오늘은 네 덕분에 무사히 넘겼지만, 크래시 부하들은 포기하지 않고 계속 날 쫓아올 거야. 너까지 위험에 처하게 해서 미안해. 그리고 고마워, 피즈팬."

안드리아는 나란히 걷던 피즈팬에게 고맙다는 인사를 했다. 피즈팬이 없었으면 어땠을까 하고 생각하다가 자기도 모르게 고마운 마음이 우러나왔던 것이다.

"고맙긴 뭘, 내가 하겠다고 한 일인걸. 그리고 앞으로의 일은 크게 걱정하지 마. 내가 널 지켜 줄 테니까."

피즈팬은 대수롭지 않은 듯 대답하고는 걸음을 멈추고 바닥에 엎드린 채 귀를 땅에 가져다 대었다. 피즈팬의 갑작스런 행동에 안드리아는 어리둥절했다.

"지금, 뭐하는 거야?"

"응? 아~, 이렇게 바닥에 귀를 대면 아주 멀리서 울리는 소리까지 들을 수 있어."

"그래? 왜?"

"우리가 얘기를 주고받을 때 소리의 매질은 공기지만, 소리는 공기뿐만 아니라 단단한 고체 매질들을 통해서도 전달될 수 있어. 게다가 소리는 매질이 단단할수록 더 빠르게 전달되거든. 그러니까 공기보다 딱딱한 땅바닥에 귀를 대면 멀리서 크래시 일당이 오는 소리를 들을 수 있는 거야."

"와, 정말 신기해!"

"어라? 안드리아, 누군가 이쪽으로 오고 있나 봐. 땅이 울리고 있어."

"누굴까? 벌써 그놈들이 우릴 찾은 걸까?"

피즈팬과 안드리아가 겁에 질려 위를 올려다보고 있는데, 하늘을 울리는 커다란 소리가 들려왔다.

안~ 드리~ 아~!

"이게 뭐야. 천둥이 치잖아! 곧 비가 올 것 같아. 안드리아, 어서 나무, 아니 저기 갈대숲으로 피하자."

엄청난 천둥소리에 놀란 피즈팬이 야단법석을 떨며 자리를 뜨려는데, 안드리아가 땅바닥에 주저앉아 훌쩍이기 시작했다.

"흑흑흑……."

"안드리아, 왜 그래?"

"이건 천둥소리가 아니라 내 남자 친구 목소리야, 흑흑흑."

"이게 무슨 사람 소리야? 이렇게 무섭게 쩌렁쩌렁 울리는 소리가 사람 목소리일 리가 없잖아."

그 사이, 소리는 점점 더 크게 들리기 시작했다.

"아아, 귀가 너무 아파."

소리가 날 때마다 안드리아는 두 손으로 귀를 틀어막고 괴로워했다. 피즈팬은 스테이지 1에서 받은 귀마개 두 쌍을 주머니에서 꺼냈다.

"이걸로 막아. 소리는 공기의 진동이 옆으로 전달되는 파동이야. 우리는 너무 작고 네 남자 친구의 고함 소리는 진폭이 너무 크니까 귀가 아픈 거야. 잘못하면 고막이 찢어

질 수 있어."

피즈팬은 얼른 안드리아에게 귀마개를 씌워 주고 자신도 귀마개를 썼다.

"그런데 이 소리의 주인공이 진짜 네 남자 친구야? 그럼 어서 가서 네 남자 친구에게 도움을 청하면 되잖아?"

피즈팬은 안드리아가 알아들을 수 있도록 입을 크게 벙긋거리며 말했다.

"싫어."

"왜 싫어? 남자 친구에게 도움을 청하면 더 빨리 네 모습을 찾을 수 있을지 모르잖아."

피즈팬은 답답한 생각에, 얼른 안드리아의 한쪽 귀마개를 들어 말했다.

"이렇게 초라한 모습으로 어떻게 왕자님 앞에 나타나니?"

"왕자님?!"

왕자라는 말에 피즈팬은 잠시 놀랐다. 크래시 일당으로부터 달아나는 데만 집중하고 있었기 때문에, 안드리아가 공주라는 사실을 깜빡하고 있었다.

"그래, 내 남자 친구는 카이로 왕국의 바이샤 왕자님이야."

피즈팬은 동화책에서 보았던 공주님, 왕자님의 모습이 떠올라 '풋~' 하고 웃고 말았다.

"뭐야, 너. 왜 웃어? 나 기분 나빠지려 해."

안드리아는 훌쩍이던 것을 멈추고, 토라진 듯 눈을 내리깔았다.

"아니, 아니, 난 신기해서 그런 거야. 화내지 마, 안드리아. 그건 그렇고 어서 왕자님께 가 보자."

"싫어!"

안드리아의 거절에 당황한 피즈팬은 얼렁뚱땅 안드리아의 손을 잡고 왕자에게 가려고 했다. 그러나 안드리아는 화를 내며 손을 뿌리쳤다.

"싫다고 했잖아!"

"아니……. 나 혼자만으로는 너를 돕는 게 힘드니까…… 그래서 그런 건데, 왜 화를 내냐?"

안드리아의 날카로운 반응에, 피즈팬은 무안해서 말을 얼버무렸다.

"미안해. 그렇지만 이런 모습으로 왕자님을 볼 수가 없어. 피즈팬, 마법이 풀릴 때까지 날 좀 도와줘. 흐흑……"

피즈팬은 슬프게 우는 안드리아가 가여워 보였다. 그래서 일부러 씩씩하게 거수경례를 하며 대답했다.

"알겠습니다, 공주님! 충성을 맹세합니다!"

안드리아의 발걸음이 떨어지지 않을 것 같아 피즈팬은 앞으로 어떻게 하면 좋을지 곰곰이 생각해 보았다.

결국 두 사람은 바이샤 왕자를 만나지 않고, 갈대 숲에 몰래 숨어서 왕자를 그냥 지켜보기로 했다. 당장 만나지 않는다고 왕자를 그렇게 두고 갈 수는 없는 일이었다.

두 사람이 조용히 왕자를 지켜보고 있는데, 어디서 나타났는지 크래시의 부하들이 왕자를 뒤에서 공격했다.

"왕자님, 조심해요!"

안드리아가 있는 힘껏 소리쳤지만, 바이샤 왕자의 귀에 들릴 리가 없었다.

쿵!

 말을 타고 있던 왕자는 예상치 못한 크래시 부하들의 공격을 받고, 그만 말에서 떨어지고 말았다.

 "비, 비겁한 놈들……, 뒤에서 공격하다니!"

"하하하하! 왕자님, 우리 사이에 정당하니 비겁하니 하는 그런 것들을 언제부터 따졌다고 그러십니까, 하하하하."

다친 왕자의 모습을 보고 안드리아는 안타까워하며 눈물을 흘렸다.

"흑흑흑, 왕자님……, 얼마나……, 아프실까……, 흑흑흑."

"울지 마, 안드리아……."

피즈팬은 그저 안드리아의 어깨만 다독여 줄 뿐이었다.

"흑흑흑, 너무 속상해. 왕자님이 다치셨는데, 내가 이런 꼴로 갈대 숲에 숨어서 울기만 하다니, 흑흑흑."

바이샤 왕자의 신하가 뒤늦게 달려와 왕자를 성으로 데려갈 때까지, 안드리아는 계속 울기만 했다.

그날 밤, 피즈팬과 슬픔에 젖은 안드리아는 밤이 깊어도 쉬지 않고 발걸음을 옮겨야만 했다. 한 걸음이라도 더 움직여 크래시 일당의 추격에서 벗어나야만 했기 때문이다.

당신은 스테이지 2를
겨우 통과했습니다.

아이템을 받을 수 없습니다.

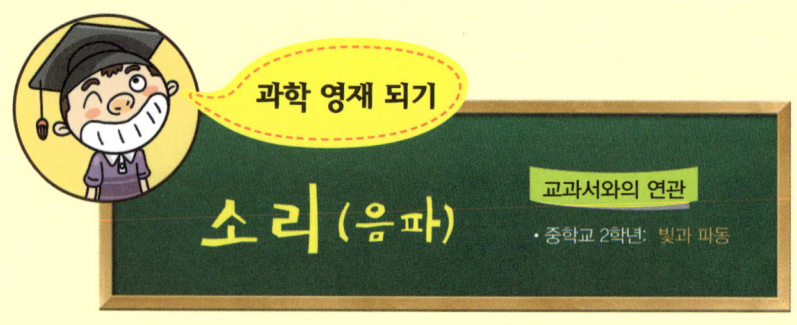

횡파와 종파

파동은 매질의 진동이 사방으로 퍼져나가는 현상이에요. 그런데 파동에는 진동 방향에 따라 두 가지 종류가 있어요.

바다에 나가 튜브를 타고 파도타기를 해 보면, 파도가 밀려오는 방향과 튜브가 오르락내리락하는 방향이 서로 수직을 이루는 것을 볼 수 있어요.

튜브가 오르락내리락하는 방향은 진동 방향이고, 파도가 밀려오는 방향은 파동의 진행 방향이에요.

이렇게 매질의 진동 방향과 파동의 진행 방향이 서로 수직인 파동을 **횡파**라고 불러요.

횡파가 정말로, 매질의 진동 방향과 파동의 진행 방향이 수직을 이루는 것인지, 눈으로 직접 확인해 볼까요?

먼저, 줄의 한쪽 끝을 벽에 고정시키고, 줄 가운데 한 지점을 색이 다른 끈으로 묶습니다. 그리고 수평을 이루도록 줄의 다른 쪽 끝을 잡은 후 줄을 흔들어 보세요.

그럼 끈으로 묶은 부분이 위아래로 움직이죠? 이때 파동의 진행 방향은 줄과 나란한 방향입니다.

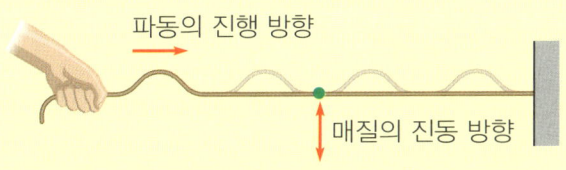

하지만 끈이 오르락내리락하는 방향은 바로 매질의 진동 방향이에요. 그러므로 줄을 흔들었을 때 생기는 파동은 횡파라는 것을 알 수 있어요.

이번에는 종파에 대해 알아보겠습니다. 실제로 파동을 만들어 보도록 해요.

우선, 긴 용수철과 끈을 준비합니다. 긴 용수철을 바닥에 일직선으로 놓고 중간의 한 지점을 끈으로 묶어요. 그 다음 두 사람이 용수철의 양 끝을 잡고 용수철의 한쪽 끝을 앞뒤로 한 번 빠르게 밀었다 당깁니다.

그럼 용수철은 다음과 같은 모양이 돼요.

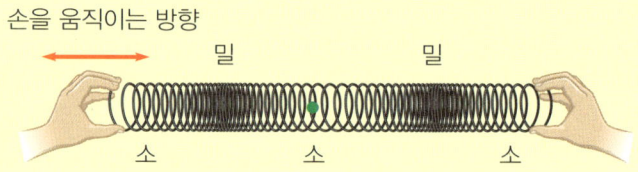

이때 용수철이 압축되어 있는 부분을 **밀**이라고 하고, 팽창되어 있는 부분을 **소**라고 해요.

용수철 양쪽 끝을 밀었다 당기면 용수철에 어떤 변화가 생기는지 관찰해 볼까요? 혹시 뭐가 달라지는지 발견했나요? 맞아요. 용수철이 움직이면 밀한 곳이 소한 곳으로 변하고, 소한 곳이 밀한 곳으로 변합니다.

이때 끈은 어떻게 움직이나요? 끈은 용수철과 나란한 방향으로 움직여요. 그럼 용수철의 밀한 부분은 어느 방향으로 이동할까요? 밀한 부분 역시 용수철과 나란한

 Tip

밀과 소

밀은 '빽빽하다'(密, 빽빽할 밀)는 뜻으로, 용수철의 양쪽 끝을 밀었을 때 압축되어 빽빽하게 보이는 부분을 말한다. 소는 '성글다'(疏, 성글 소)는 뜻으로, 용수철을 당겼을 때 용수철이 팽창하여 성긴 부분을 말한다.

방향으로 움직입니다.

　밀한 부분이 소한 부분이 되었다가 다시 밀한 부분으로 바뀌는 것이 바로 진동이에요. 그리고 그때까지 걸린 시간을 주기, 그 역수를 진동수라고 해요.

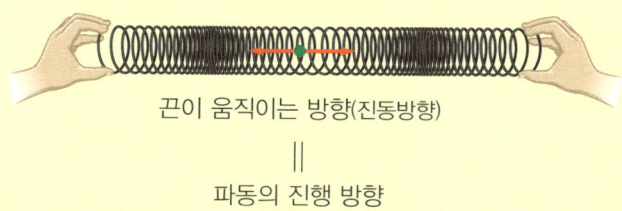

끈이 움직이는 방향(진동방향)
=
파동의 진행 방향

　그렇다면 이 파동에서는 매질의 진동 방향과 파동이 진행하는 방향이 일치해요. 이런 파동을 **종파**라고 불러요.

소리는 종파다

앞에서 용수철을 이용하여 종파에 대해 알아보았어요. 그럼 종파의 다른 예로는 어떤 것이 있을까요?

　바로 소리가 있습니다. 소리는 **음파**라고도 해요. 소리는 공기라는 매질을 통해 전달됩니다.

우리가 박수를 치면 주위의 공기 분자들이 진동을 하게 돼요. 그러면서 박수 친 곳은 공기가 별로 없는 소한 부분이 되고, 그 주위는 공기가 모여 밀한 부분이 되지요. 이때 소한 부분과 밀한 부분이 교대로 바뀌면서 주위에 있는 다른 사람들의 고막에 전달됩니다.

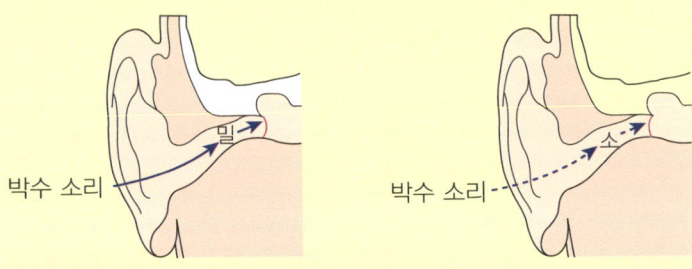

박수를 치면, 공기의 밀한 부분과 소한 부분이 교대로 바뀌면서 우리의 고막에 전달되어 소리로 들립니다.

밀한 부분의 공기가 고막을 누르면 고막이 몸 쪽으로 들어갔다가 소한 부분의 공기가 오면 고막이 다시 몸 바깥쪽으로 밀려나요. 이런 공기의 진동에 따라 고막이 진동하고, 그 진동수를 뇌가 인지하여 소리를 듣게 되는 거예요. 이때 진동수가 크면 높은 음의 소리로 들리고, 진동수가 낮으면 낮은 음의 소리로 들리는 거랍니다.

생활 과학 카페

소닉붐 현상

소닉붐 현상은 초음속 비행기가 지나갈 때 마치 폭발이나 천둥처럼 들리는 소리를 가리키는 말입니다. 이 현상은 비행기가 공기를 뚫고 나갈 때 발생하는 충격파 때문에 발생해요.

물 위의 배를 관찰하면 이 현상을 쉽게 이해할 수 있습니다. 배가 움직일 때 수면에 생기는 물결은 속도가 느릴 때는 배를 중심으로 둥근 모양을 이루지만, 배의 속도가 빨라지면 배를 중심으로 V자를 그립니다. 물결이 사방으로 퍼져나가지 못하고 배의 정면 부분에 모이는 압축 현상 때문이에요.

이런 현상은 비행기나 기차 등 빠른 속도로 움직이는 물체에 의해 공기 속에서도 나타납니다. 비행기 주변의 공기는 서서히 밀려나면서 압력을 전달하는 파동을 만드는데, 이 파동은 소리의 속도로 퍼져나가요. 만약 비행기가 소리의 속도나 그 이상으로 움직이면, 앞쪽으로 퍼지는 파동을 따라잡게 되고, 비행기를 중심으로 많은 파동이 원뿔 형태로 뭉치게 됩니다. 이때 원뿔의 외곽을 따라 많은 공기가 압축되기 때문에 강한 충격파가 발생해요.

이 충격파로 비행기는 물론 지상에 있는 사람들도 급격한 공기의 압력 변화를 느끼는데, 이 공기의 움직임이 고막을 진동시켜 큰소리로 들리는 거예요. 다행히 초음속 비행은 대부분 아주 높은 곳에서 이루어지기 때문에 지상에 도달하는 충격파는 그리 크지 않답니다.

기본 다지기

1. 용수철을 이용하여 종파를 만들었다. 이때 용수철의 한 지점이 밀해졌다가 다시 밀해지는 데 0.1초가 걸렸다면, 이 파동의 진동수는 얼마인가?

    a) 0.1 Hz   b) 1 Hz   c) 10 Hz

2. 다음 중 소리가 가장 빠르게 전달되는 매질은?

    a) 강철   b) 유리   c) 물

3. 다음 중 공기가 밀해졌다가 다시 밀해지는 데 걸리는 시간이 제일 짧은 음은?

    a) 도 음   b) 미 음   c) 솔 음

> 서프라이즈 진실 혹은 거짓

1. 사람에게는 안 들리고 개에게만 들리는 소리가 있다.

    ☐ 진실   ☐ 거짓

2. 청각장애자 에디슨은 축음기를 발명하고 그 소리를 들었다.

    ☐ 진실   ☐ 거짓

3. 추운 지방에서는 더운 지방에서보다 소리가 느리게 전달된다.

    ☐ 진실   ☐ 거짓

> 알쏭달쏭 내 생각

평소 거짓말하기를 좋아하는 허풍선이 백작이 사람들을 모아놓고 말했다.
 "음, 내가 달에 갔을 때 말이야. 달에 있는 외계인들에게 큰 소리로 말했더니, 내 목소리가 얼마나 컸던지 외계인들이 깜짝 놀라 귀를 막더군, 하하하."
 물론 사람들은 허풍선이 백작의 말을 믿지 않았다.

허풍선이 백작의 말 중에서 결정적으로 틀린 것이 있는데, 그것은 무엇일까? 여러분의 생각은?

아하! 알았다 정답

기본 다지기

1. c) 진동수는 주기의 역수다. 0.1의 역수는 10이므로 이 파동의 진동수는 10 Hz다.

2. a) 소리는 단단한 매질을 통해 더 빠르게 전달된다. 예를 들어, 소리의 속도는 강철에서는 초속 5200 m, 유리에서는 초속 5170 m, 섭씨 20도의 물에서는 초속 1418 m, 20도의 공기에서는 초속 343 m, 134도의 수증기 속에서는 초속 494 m가 된다.

3. c) 공기가 밀해졌다가 다시 밀해지는 데 걸리는 시간이 음파의 주기다. 주기는 진동수에 반비례하므로 주기가 짧으면 진동수가 크고, 진동수가 클수록 높은 음이 만들어진다.

서프라이즈 진실 혹은 거짓

1. 진실
   개는 사람보다 더 높은 진동수의 소리를 들을 수 있다. 사람이 2만 Hz 정도까지 들을 수 있는 반면, 개는 4만 Hz까지 들을 수 있다.

2. 진실
   귀가 잘 들리지 않았던 에디슨은 축음기의 스피커를 이로 물어 소리를 느꼈다. 스피커를 이로 물면 스피커의 진동이 이를 진동시켜 두개골을 떨리게 하므로, 소리를 느낄 수 있다.

3. **진실**
소리의 매질은 공기이고, 공기는 온도가 낮으면 느리게 움직인다. 왜냐하면 온도가 낮으면 분자의 움직임이 느려지기 때문이다. 따라서 추운 지방에서 소리는 느리게 전달된다.
실험에 의하면, 영하 30도인 곳에서 소리의 속도는 0도일 때의 소리의 속도보다 6% 정도 느려지고, 영하 80도 정도인 남극에서는 20% 정도 느려진다.

알쏭달쏭 내 생각

답 **달에 있는 외계인에게 큰 소리로 말했다는 것.**
소리의 매질인 공기가 달에는 없기 때문에 소리가 전달되지 않는다.

전자레인지 안에 갇힌 피즈팬
빛(전자기파)

빛은 **전자기파**라는 이름의 파동이며,
전자기파는 매질이 없다.

어둠 속을 걷던 피즈팬은 슬슬 잠자리가 걱정되기 시작했다. 낮 동안은 걷는 데 별 문제가 없었지만, 밤이 되니 앞이 잘 보이지 않아 더 이상 길을 찾아 움직이는 것이 힘들었다. 하루 종일 쉬지 않고 걸어서 다리도 아프고 지친 상태였다. 피즈팬은 차라리 날이 밝을 때까지 잠을 자 두는 편이 좋겠다고 피즈팬은 생각했다.

"안드리아, 다리 아프지 않아?"

피즈팬은 안드리아가 걱정이 되어 물었다.

"응, 아직은."

안드리아는 애써 괜찮은 척 피즈팬을 향해 씨익, 웃어 보였다.

"이대로 밤새 걸을 수는 없으니까, 우리 잘 곳을 찾아보자."

"괜찮아. 가다 보면 뭔가 나오겠지. 내 걱정은 하지 마, 피즈팬."

안드리아의 의젓한 대답에, 피즈팬은 얼마 전까지만 해도 울보이기만 한 줄 알았던 안드리아가 비로소 한 나라의 공주처럼 느껴졌다.

"어! 피즈팬, 저기 불빛이 있어!"

앞서 가던 안드리아가 외쳤다. 안드리아가 가리키는 곳에 정말로 조그만 불빛이 반짝거리고 있었다.

"안드리아, 저기에 집이 있을지 몰라. 한번 가 보자."

"응!"

두 사람은 마지막 남은 힘을 내어 그 불빛을 향해 걸었다. 가까이 가 보니 불빛은 어느 자그마한 집에서 새어나오고 있었다.

피즈팬은 얼른 뛰어가 빠끔히 열린 문틈 사이로 안을 들

여다보았다. 집 안에서는 아무런 기척이 없었다.

"아무도 없는 집인가?"

"아무도 없는 집에 누가 이렇게 불을 켜 놓았겠어?"

피즈팬을 밀치고 안드리아가 문 사이로 고개를 들이밀었다. 둘은 그동안 생사를 건 모험을 겪으며 서로를 많이 의지하게 되었고, 오래 사귄 친구처럼 가까워져 있었다.

집은 피즈팬의 말처럼 아무도 없는 듯 조용했다. 안드리아의 눈에도 사람의 그림자는 보이지 않았다.

"어찌 되었든, 우린 지금 잘 곳이 없는데, 마침 여기에 우리가 묵을 만한 집이 있어. 행운으로 생각하고, 오늘은 여기서 쉬도록 하자."

"좋아."

두 사람은 따뜻한 온기가 남아 있는 벽난로 근처에서 피곤에 지쳐 곯아떨어졌다.

다음 날 이른 아침, 비슷한 시간에 눈을 뜬 피즈팬과 안드리아는 뭔가 찜찜한 기분이 들었다.

"안드리아, 여기가 어디지? 왜 우리가 부엌에 와 있어?"

"그건 내가 묻고 싶은 말이야. 어젠 분명히 벽난로 옆에서 잠이 들었는데……."

둘은 식탁 위에 나란히 뉘여 있었다. 벽에는 국자며 프라이팬이며 거대한 주방용품들이 걸려 있었다.

"안녕, 안드~ 리아. 오랜만이지? 그동안 너무 보고 싶었어."

순간, 안드리아의 가슴이 철렁 내려앉았다. 그것은 분명히 크래시의 목소리였다. 언제부터 보고 있었는지, 크래시와 그의 부하들은 피즈팬과 안드리아가 있는 식탁 옆에서 팔짱을 끼고 서서 둘을 내려다보고 있었다.

안드리아는 크래시를 보고 잠시 당황했지만, 금세 싸늘한 표정을 지으며 고개를 홱 돌렸다.

"보고 싶기는 무슨!"

"어허, 이게 무슨 섭섭한 말이야. 우리가 이렇게 얼굴 보는 게 몇 년 만인데. 앞으로 내 얼굴 계속 볼까 봐 무서워서 그래?"

크래시는 느끼한 표정을 지으며 말했다.

"그래, 너무너무 무섭다! 이제 날 어쩔 셈이지?"

"어쩌긴. 우리를 위해 공주님께서 사라져 줘야겠어."

크래시는 천천히 또박또박하게, 그리고 아주 낮은 목소리로 말했다. 안드리아는 크래시의 말투가 무서웠다. 하지만 내색하지 않았다.

"어서 처리해."

크래시는 웃음이 싹 가신 차가운 얼굴로 부하들에게 명령했다. 부하들은 정해진 대본이라도 있는 것처럼 일사불란하게 움직였다.

부하들은 두 아이들을 그릇에 담아 옮겼고, 피즈팬과 안드리아는 자신들이 향하고 있는 곳을 보고 깜짝 놀랐다. 둘은 전자레인지 안으로 옮겨지고 있었다!

"이제 우린 어쩌지, 피즈팬?"

전자레인지 안에 갇힌 안드리아가 두려움에 떨며 피즈팬에게 말했다.

"흠······."

하지만 피즈팬은 안드리아를 위로할 만한 대답은 하지

않고 깊은 한숨만 내쉬었다. 안드리아는 끝내 울음을 터뜨렸다.

"흑흑, 이제 어떡해. 미안해, 피즈팬. 나 때문에 너까지……."

안드리아는 이제 어쩔 수 없이 죽겠구나 하는 생각에, 서러운 눈물을 왈칵 쏟아 냈다.

"뭐야, 안드리아. 너 죽으러 가니?"

"피즈팬, 네가…… 흑, 용감한 줄은…… 흐윽, 알지만…… 흑……."

안드리아는 설움에 북받쳐서 제대로 말도 잇지 못하고 하염없이 눈물을 흘렸다.

"걱정 마, 안드리아. 내 손을 잡고 따라와!"

"흑흑……, 너 지금 뭘 어쩌려고 그러니?"

피즈팬은 울먹이는 안드리아의 손을 잡고 전자레인지 벽 쪽으로 끌고 갔다.

"왜 벽 쪽으로 가는 거야?"

"전자레인지에서는 마이크로파라는 눈에 보이지 않는 빛

이 나와. 이 빛에 쪼이면 우리는 완전히 타 죽을 거야. 하지만 전자레인지는 가운데 있는 조리접시에 마이크로파가 집중되도록 설계되어 있거든. 그러니까 조리접시로부터 가장 멀리 떨어진 벽에 바짝 붙어 있으면 위기를 모면할 수 있을 거야."

드디어 전자레인지가 작동을 하기 시작했다. 전자레인지

가 돌아가는 동안 크래시 일당은 승리감에 빠져 서로 농담을 지껄이며 낄낄거렸다.

"크래시 님, 이제 이 나라는 크래시 님의 것입니다."

"하하하, 그래. 아주 앓던 이가 쏙 빠져서 기분이 좋구나!"

크래시 일당이 신나게 떠들고 있는 사이, "삐익~!" 하는 신호음을 내며 전자레인지의 가열이 끝났다.

"됐다!"

"축하드립니다, 크래시 님!"

"좋아. 자, 열어 봐."

크래시는 짐짓 근엄한 목소리로 명령했다.

크래시 부하 중 한 명이 쏜살같이 달려가 전자레인지 문을 '딸깍' 하고 열었다. 그 순간, 열리는

문틈 사이로 피즈팬과 안드리아가 뛰쳐나와, 순식간에 전자레인지의 전기 코드를 타고 바닥으로 쭉 미끄러져 내려왔다. 둘은 정신없이 부엌을 가로질러 밖으로 빠져나갔다.

예상하지 못한 일이 눈 깜짝할 사이에 일어나자 크래시 일당은 귀신에 홀린 듯 넋을 놓고 있다가, 피즈팬과 안드리아가 집을 다 빠져나가고 나서야 겨우 정신을 차렸다.

"방금 뭐가 지나갔지?"

크래시의 부하가 동료의 옆구리를 찌르며 물었다.

"그게 꼬마 녀석과 안드리아 공주 아니었나?"

다른 부하가 고개를 갸우뚱거리며 대답했다.

"이, 이런 멍청이들! 뭘 꾸물대고 있는 거야! 어서 저것들을 잡아!"

화가 머리끝까지 난 크래시가 고함을 고래고래 질렀다. 부하들은 잔뜩 주눅이 들어서 헐레벌떡 피즈팬과 안드리아의 뒤를 쫓았다.

당신은 스테이지 3을 통과했습니다.
다음 아이템을 받을 수 있습니다.

오목거울

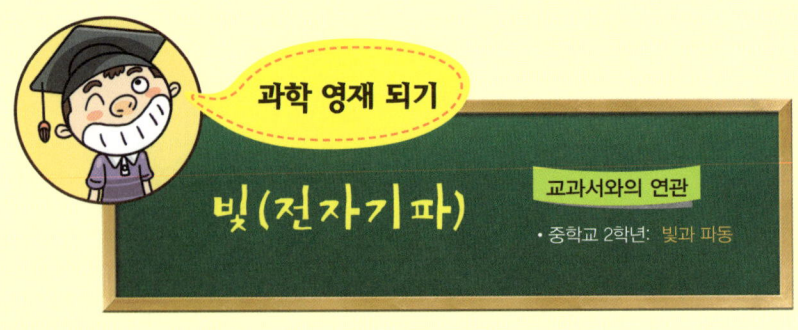

파동으로서의 빛

빛은 전자기파라는 이름의 파동이라고 스테이지 1에서 배웠어요. 그럼, 우리가 생활 속에서 자주 듣는 전자파는 전자기파와 무엇이 다를까요?

실은 둘 다 같은 뜻이에요. 하지만 **전자기파**는 눈에 보이는 빛과 눈에 보이지 않는 빛을 모두 말하고, **전자파**는 눈에 보이지 않는 빛을 얘기한다고 생각하면 돼요.

물리학자들은 전자파라는 용어를 사용하지 않아요. 하지만 일반 사람들은 전자파라는 용어를 사용하는 걸 좋아하지요. 예를 들어, 컴퓨터를 오래 하면 우리 눈에 보이지는 않지만 모니터에서 전자파가 많이 나와서 인체에 해롭다고 얘기할 때 사용해요.

빛은 파장에 따라 어떤 차이가 있을까요? 차이를 알아보기 위해 먼저 파동과 에너지 사이의 관계를 살펴보겠습니다.

긴 줄을 준비한 후, 줄을 벽에 매달고 '천천히 흔들면' 다음의 그림과 같이 파장이 긴 파동이 만들어집니다.

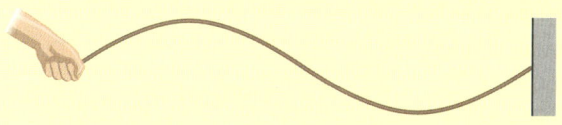

반대로 줄을 '빠르게 흔들면' 다음과 같이 파장이 짧은 파동이 만들어져요.

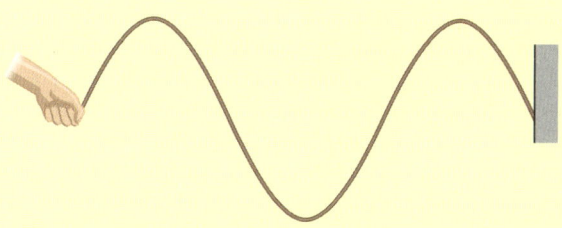

줄을 세게 흔든다는 건 줄에 큰 에너지를 준다는 거예요. 그러면 줄에 생긴 파동도 큰 에너지를 가진 파동이 돼요. 반대로 줄을 천천히 흔든다는 건 줄에 작은 에너지를 준다는 것이고, 이때 줄에 생긴 파동의 에너지 또한 작아요. 그러므로 파동의 에너지는 파장이 짧을수록 크다는 것을 알 수 있어요.

마찬가지로, 빛도 파장이 짧으면 에너지가 커요.

그런데 모든 파장의 빛이 우리 눈에 보이는 건 아니랍니다. 우리 눈에 보이는 빛은 빨주노초파남보의 색깔로 구별되는데, 이것을 **가시광선**이라고 해요.

가시광선을 한자말로 풀어 보면 다음과 같아요.

可 가히 가 · 視 보일 시 · 光 빛 광 · 線 줄 선

그러니까 가시광선은 '눈으로 볼 수 있는 빛'이라는 뜻이에요. 햇빛을 분광기나 프리즘을 통해서 보면 무지개 색을 볼 수 있어요. 또는 비온 뒤나 폭포와 분수 근처에서도 무지개를 볼 수 있지요.

가시광선은 파장이 약 380 nm~780 nm의 범위에 있는 빛이에요. 여기서 'nm(나노미터)'라는 단위는 아주 작은 길이를 나타내는 단위로, 1 nm는 10억분의 1 m를 말해요. 이때 빛의 파장이 620~780 nm에 가까우면 빨간색의 빛이 되고, 파장이 450~490 nm에 가까우면 파란색의 빛이 됩니다.

빛의 파장

빛의 색깔은 왜 다를까요? 그것은 바로 파장이 다르기 때문이에요. 가시광선 중 빨간색이 파장이 가장 길고 주황, 노랑, 파랑 등을 거쳐, 보라가 파장이 제일 짧아요.

그렇다면 눈에 안 보이는 빛도 있을까요? 물론이에요. 바로 햇빛 속에 들어 있는 적외선과 자외선이에요.

빨간색의 빛보다 파장이 긴 빛은 **적외선**이라고 하는데, 우리 눈으로는 볼 수 없어요.

적외선은 한자로 赤外線이라고 써요. 赤이 '빨강', 外가 '바깥'이니까, '빨강의 바깥에 있는 빛'이라는 뜻이에요.

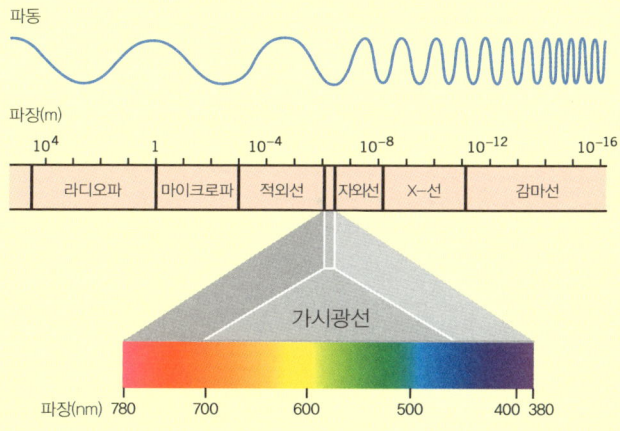

빛에는 가시광선 외에도 눈에 보이지 않는 적외선, 자외선 등이 있습니다.

그렇다면 눈에 안 보이는 적외선이 있는지 없는지 어떻게 알 수 있을까요?

적외선은 우리 몸으로 느낄 수 있습니다. 햇볕을 쪼이면 몸이 따뜻해지죠? 그 이유는 적외선이 피부를 진동시키기 때문입니다.

우리 주위에도 적외선을 이용하는 것이 많아요. TV를 켜거나 끌 때 사용하는 리모컨도 그중 하나예요. 리모컨을 누르면 리모컨에서 TV에 있는 센서로 빛이 발사돼요. 눈에 보이지는 않지만 그 빛이 바로 적외선이에요. 적외선은 인체에 해롭지 않고 살균 효과가 있는 안전한 빛이랍니다.

보라색의 빛보다 파장이 짧은 빛도 우리 눈에 보이지 않아요. 이 빛을 **자외선**이라고 불러요.

'자외선'은 한자로 紫外線이라고 쓰는데, 紫가 '보라'니까, '보라 바깥에 있는 빛'이라는 뜻이에요.

그런데 적외선과 달리 자외선은 많이 쪼이면 얼굴에 기미·주근깨가 생기고, 심하면 피부암에 걸릴 수 있어요. 그래서 낮에 외출할 때는 자외선 차단제를 얼굴과 팔처럼 노출된 피부에 꼭 발라야 한답니다.

생활 과학 카페

전자레인지의 원리

식은 음식을 빠르게 따뜻한 음식으로 만들어 주는 전자레인지는 주방에 없어서는 안 되는 장치입니다. 전자레인지는 눈에 보이지 않는 파장이 아주 긴 빛인 마이크로파를 이용하여 음식을 뜨겁게 만들어요.

마이크로파는 적외선보다도 파장이 길어서 파장이 1000분의 1 밀리미터 정도 되는 빛을 말해요. 이 마이크로파가 음식물 속의 물 분자들을 진동시켜 물 분자들이 음식물과 충돌할 때 발생하는 열로 음식을 가열합니다.

전자레인지는 어떻게 탄생했을까?

제2차 세계대전이 끝난 직후, 영국의 퍼시 스펜서는 군사용 레이더에 마이크로파를 이용했습니다. 그런데 마이크로파 발생 장치인 마그네트론 옆에 있던 스펜서는 바지 주머니 속의 캔디가 녹아버린 것을 발견했습니다. 이것을 이상하게 생각한 스펜서는 팝콘용 옥수수를 마그네트론에서 나오는 마이크로파에 쪼여보았지요. 그랬더니 팝콘이 멋지게 튀겨졌습니다. 이렇게 전자레인지는 우연히 발명되었답니다.

기본 다지기

1. 진동수가 다음과 같을 때 파동의 에너지가 가장 큰 것은?

   a) 2 Hz　　　　　b) 20 Hz　　　　　c) 200 Hz

2. 가시광선 중 파장이 가장 긴 빛은?

   a) 빨간색　　　　b) 초록색　　　　c) 보라색

3. 다음 중 에너지가 가장 큰 빛은?

   a) 자외선　　　　b) 보라색 빛　　　c) 노란색 빛

4. 자외선을 얼굴에 많이 쪼이면 위험한 이유는?

   a) 자외선이 눈에 안 보이는 빛이므로
   b) 자외선의 파장이 짧기 때문에
   c) 자외선 속에 위험한 물질이 들어 있어서

서프라이즈 진실 혹은 거짓

1. X-선은 빛이다.

   ☐ 진실   ☐ 거짓

2. 빛은 진공 속을 통과할 때 가장 빠르다.

   ☐ 진실   ☐ 거짓

3. TV가 수신하는 전자기파의 파장은 가시광선보다 길다.

   ☐ 진실   ☐ 거짓

알쏭달쏭 내 생각

어떤 화장품 회사에서 자외선을 막기 위해 SPF(자외선 차단 지수)가 10인 저가형 자외선 차단제를 신상품으로 내놓았다.

이 제품을 바르고 하루 종일 밖에서 놀면 자외선을 막는 데 효과가 있을까? 여러분의 생각은?

   ☐ 효과가 있다.   ☐ 효과가 없다.

기본 다지기

1. c) 파동의 에너지는 파장이 짧을수록 크다. 파장이 짧으면 진동수가 크고, 진동수가 클수록 파동의 에너지가 크다.

2. a) 가시광선의 파장은 빨간색이 가장 길고 보라색으로 갈수록 점점 짧아진다.

3. a) 파장이 짧으면 에너지가 크다. 보라색은 가시광선 중에서 파장이 가장 짧고, 그 바깥에 그보다 파장이 짧은, 눈에 보이지 않는 빛인 자외선이 있다.

4. b) 파장이 짧은 빛은 에너지가 크다. 자외선은 파장이 짧아 에너지가 크므로, 순간적으로 피부를 태울 수 있다.

서프라이즈 진실 혹은 거짓

1. 진실
   X-선은 자외선보다 파장이 짧은 빛으로, 몸속을 투과하는 능력이 있다.

2. 진실

   빛은 다른 파동과는 달리 진공 속을 통과할 때 가장 빠르고, 단단한 물질일수록 통과 속도가 느려진다.

3. 진실

   마이크로파나 TV파를 전파라고 하는데, 이들은 가시광선보다 파장이 긴 빛이다. 마이크로파는 파장이 수마이크로미터(1 마이크로미터는 백만분의 1 미터, 즉 10^{-6} 미터) 정도이고, TV파는 파장이 수센티미터에서 수미터에 달해 가시광선에 비해 파장이 아주 긴 빛이다.

알쏭달쏭 내 생각

답 효과가 없다.

자외선 차단제에 표시되어 있는 SPF는 선 프로텍팅 팩터(Sun Protecting Factor)의 약자로, SPF 1이란 자외선을 15분 막을 수 있음을 나타낸다. 그러면 SPF 10은 15분의 10배인 150분 동안 자외선을 막을 수 있다는 말인데, 이를 시간으로 따지면 2시간 30분으로, 하루 종일 밖에서 놀 때는 별 소용이 없다. 이때는 SPF가 30 이상인 자외선 차단제를 바르는 것이 좋다.

최후의 결전
파동의 성질

파동의 중요한 성질인 **반사**와 **굴절**에 대해 알아보자.

죽을 고비를 겨우 넘기고 크래시의 손아귀에서 빠져나온 피즈팬과 안드리아는 쉬지 않고 앞만 보고 달렸다. 하지만 작아진 몸 때문에 죽을힘을 다해 뛰어도 멀리 달아나지는 못했다. 다만, 풀이나 돌 뒤에 작은 몸을 숨기며 도망칠 수 있어서 그나마 다행이었다.

햇볕이 쨍쨍 내리쬐는 정오가 되고, 뛰다가 걷다가를 반복한 안드리아와 피즈팬은 온몸이 땀으로 흥건하게 젖었다. 지칠대로 지친 이들 앞에 작은 기적처럼 동굴이 나타났다.

"안드리아, 저기 동굴 보이지? 저기로 가서 몸을 피하자. 조금만 더 참아, 헉헉."

피즈팬도 많이 지쳐서, 일단 햇볕이라도 피해야겠다는 생각밖에 들지 않았다.

"응, 헉헉."

안드리아는 대답조차 하기 힘들어 했다. 마지막 남은 힘을 다해 피즈팬과 안드리아는 동굴 속으로 뛰어 들어갔다.

하지만 크래시 일당 또한 이들을 쫓아 동굴로 따라 들어

왔다. 피즈팬과 안드리아가 더 이상 걷기 힘든 바로 그때, 어디선가 박쥐 한 마리가 나타나 둘 앞에 내려앉았다.

"어서 내 등에 타!"

난생 처음 본 박쥐였지만 놀랄 겨를도 없이, 그리고 누가 먼저랄 것도 없이, 두 사람은 박쥐 등에 올라탔다.

"아이쿠, 저 녀석들 또 놓쳤네! 크래시 님이 아시면 불호령이 떨어질 텐데."

"일단 무조건 잡아야지. 박쥐를 잡는 게 더 편할 거야. 저 조그만 놈들을 쫓아다니는 것보단."

크래시 부하들은 박쥐를 쫓았다.

"휴~, 정말 고마워. 덕분에 일단 위기는 넘긴 것 같아. 난 자이안 왕국의 공주, 안드리아야."

위험한 순간을 벗어난 안드리아는 박쥐에게 자기를 소개했다.

"고맙긴! 아직 그런 인사는 하지 않아도 돼. 난 파미코라고 해. 우선 그쪽 사연은 나중에 듣기로 하고, 일단 저 사람들부터 한번 놀려 줄까?"

파미코는 두 사람에게 꽉 잡으라고 말한 뒤, 동굴 속을 거침없이 날아다녔다. 크래시 일당은 파미코가 머리 위를 아슬아슬하게 스칠 때마다 화들짝 놀라서는 비명을 지르며 우왕좌왕했다.

"우와! 이렇게 깜깜한 동굴에서 어떻게 자유자재로 날아다닐 수 있는 거야?"

피즈팬이 감탄하며 파미코에게 물었다.

"소리의 반사를 이용하는 거야. 나 같은 박쥐들은 초음파를 보내서 초음파가 되돌아오는 시간으로, 나와 물체까지의 거리를 알 수 있거든. 그것을 이용하면 벽에 부딪치지 않고 날아다닐 수 있어."

파미코가 날개를 푸드득거리며 말했다.

박쥐 파미코는 크래시 일당의 다리와 팔 사이는 물론, 겁을 주듯 얼굴 앞도 휙 스치며 날았다. 사방으로 돌진해 오는 박쥐에 놀란 크래시 일당은 손으로 머리를 감싼 채 어디로 피해야 할지 몰라 갈팡질팡했다. 한참을 크래시 일당을 골려 준 파미코는 동굴을 빠져나왔다.

파미코의 공격으로부터 자유로워진 크래시 일당은 동굴을 빠져나오자 파미코를 향해 총을 쏘아대기 시작했다.

"아니! 애들한테 총을 쏘다니!"

안드리아가 화를 내며 소리쳤다.

그러는 사이, 피즈팬은 주머니를 뒤적이며 무언가를 급히 찾았다.

"뭘 찾는 거야, 피즈팬?"

안드리아가 물었다.

"아이템으로 받은 오목거울."

피즈팬은 바지 뒷주머니에서 오목거울을 꺼냈다. 그리고 해가 떠 있는 곳을 향해 오목거울을 들고 크래시 일당을 향해 햇빛을 반사시켰다.

"앗 뜨거!"

한곳에 모인 뜨거운 빛이 총을 든 크래시 부하의 팔에 집중되자 뜨거운 열기에 화들짝 놀란 그가 총을 그만 땅에 떨어뜨리고 말았다.

"야호! 성공이다!"

피즈팬이 허공을 향해 주먹을 날리며 소리쳤다.

"피즈팬, 도대체 어떻게 한 거야?"

안드리아도 들떠서 물었다.

"오목거울은 빛을 모으는 성질이 있어. 이렇게 빛이 모이면 빛의 에너지가 강해지거든. 그 강한 빛이 녀석의 팔에 집중되어 빛을 쪼인 부분이 무지 뜨거워진 거야."

피즈팬은 벙글거리며 설명했다.

"그건 그렇고, 우리 지금 어디로 가는 거야?"

피즈팬은 들뜬 감정을 추스르고 파미코에게 물었다.

"응, 내가 잘 아는 분을 소개해 주려고. 너희들이 마법에 걸린 것 같아서 말이야. 그분은 이 나라 최고의 마법사거든. 자, 이제부터 조금 빨리 날 테니, 둘 다 꽉 잡아!"

파미코는 창공을 향해 전속력으로 날아올랐다. 피즈팬과 안드리아는 하늘을 나는 것이 마냥 신기했다.

그렇게 한참을 날아 도착한 곳은 파미코가 말했던, 그 마법사가 사는 집이었다.

"할아버지! 어디 계세요? 저 왔어요."

집 안으로 들어선 파미코는 허공에 대고 할아버지를 불렀다. 피즈팬은 그런 파미코를 미심쩍은 눈으로 쳐다보았다. 최고의 마법사가 살기에는 집이 너무 낡고 허술해 보였기 때문이었다.

"그 할아버지란 분이, 안드리아와 내게 걸린 마법을 풀어 줄 수 있어?"

피즈팬의 물음에 파미코는 당연하다는 듯이 대답했다.

"그럼! 정말 대단하신 분이야. 할아버지~!"

파미코는 계속해서 마법사 할아버지를 불렀다. 피즈팬은 파미코가 마법사 할아버지를 애타게 부르면 부를수록 의심스런 마음이 점점 더 짙어졌다.

"에이, 근데 왜 안 나타나셔? 이상한데?"

그 순간, 피즈팬의 머리 위로 스산한 기운이 감돌았다. 피즈팬은 천천히 위를 올려다보았다. 거기에는 엄청나게 큰 할아버지 한 분이 수염을 길게 늘어뜨린 채 피즈팬을 근엄하게 내려다보고 있었다.

"엄마야!"

어찌나 놀랐는지 피즈팬은 안드리아에게 덥석 안겼다.

"할아버지! 어디 가신 줄 알았어요."

파미코가 마법사 할아버지에게 어리광을 부렸다.

"우리 귀여운 파미코가 날 찾는데, 내가 언제 안 나타난 적이 있었느냐? 쓸데없는 걱정은. 그나저나 이놈은 대체 누구냐? 의심이 이렇게 많아서야, 원."

마법사는 피즈팬이 마음에 안 드는지 불편한 마음을 드러내 놓고 말했다.

"파미코."

안드리아가 파미코의 날개를 잡아당기며 눈짓을 보냈다.

"아차, 내 정신 좀 봐. 소개해 드릴게요. 이쪽은 안드리아, 자이안 왕국의 공주예요."

"안녕하세요, 할아버지."

"반가워요, 공주님."

마법사 할아버지는 안드리아와 다정하게 인사를 나누었다. 그동안 피즈팬은 안 좋게 보인 첫인상을 만회하기 위해 고민했다.

"자, 다음은 너. 넌 네가 알아서 해. 난 네 이름도 몰라."

파미코의 말이 조금 섭섭하게 들렸지만 피즈팬은 용기를 내어 마법사 할아버지에게 자신을 소개했다.

"저는 사랑과 정의를 지키는 용감한 소년, 피즈팬이에요. 안녕하세요?"

피즈팬은 공손하고 상냥하게 보이려고 밝게 웃었다. 그

리고 배꼽에 두 손을 착 포개고 허리를 깊이 숙여 인사했다. 하지만 마법사 할아버지의 반응은 시큰둥했다.

"그래, 일단 만나서 반갑구나. 그런데 파미코, 이 친구들은 왜 데리고 왔니?"

"아, 할아버지. 이 아이들이 마법에 걸린 것 같아요. 그 마법 좀 풀어 주세요. 크래시 부하들에게 쫓기고 있는 걸 제가 여기까지 태워 왔어요. 저, 잘했죠?"

파미코는 할아버지 팔 위로 날아가 할아버지 옷에 머리를 비볐다.

"그래, 착하다, 요 녀석. 근데 크래시 녀석, 아직도 이런 짓을 하고 다녀? 언제 만나면 혼쭐을 내줘야겠다."

마법사 할아버지는 동네 말썽쟁이를 나무라듯 크래시를 나무랐다. 그리고는 피즈팬과 안드리아를 인자하게 내려다보았다.

"자, 그럼 이 아이들에게 걸린 마법을 한번 풀어 볼까?"

할아버지는 팔에 앉은 파미코를 사뿐히 잡아 탁자 위에 올려놓고, 눈을 지그시 감은 뒤 두 팔을 앞으로 내

밀었다. 그리고 허공에다 피아노를 치듯 열 손가락을 부드럽게 움직였다.

"얄리얄리얄라성 얄라리얄라~ 슝슝슝슝슈~ 슝!"

할아버지가 주문을 외자 '펑!' 소리와 함께 연기가 피어올랐고, 하얀 연기가 걷히자 피즈팬과 안드리아는 거짓말처럼 원래의 모습으로 돌아와 있었다. 피즈팬과 안드리아는 마법에서 풀려난 것이 믿기지 않아 몸 이곳저곳을 만지며 꼬집어도 보았다.

"이야, 정말 마법이 풀렸어! 감사합니다, 할아버지!"

안드리아와 피즈팬은 너무나 기뻐서 서로 손을 마주잡고 펄쩍펄쩍 뛰었다.

"원래대로 몸이 커졌으니 이제 크래시 일당들과 맞서 싸울 수 있겠어! 어서 크래시 일당을 물리치고 수피아에게 돌아가야지!"

자신감에 차서 들떠 있는 피즈팬을 보며 마법사 할아버지는 흐뭇한 미소를 지었다.

"마법사 할아버지, 정말 감사합니다!"

    피즈팬은 마법사 할아버지에게 꾸벅 인사를 했다. 할아버지는 인자한 표정으로 말없이 고개를 끄덕였다.

    그때였다. 마법사 할아버지의 얼굴이 빙빙 돌기 시작했다. 피즈팬은 심한 어지러움을 느끼며 그 자리에서 정신을 잃고 말았다.

피즈팬이 다시 깨어났을 때에는 안드리아도, 파미코도, 마법사 할아버지도 온데간데없었다. 피즈팬은 커다란 나무 밑에 누워 있었다.

"오빠, 깨어났구나!"

피즈팬의 손을 잡고 있던 수피아가 소리쳤다.

"엉? 어떻게 된 거지? 안드리아는? 파미코는? 그리고 마법사 할아버지는?"

피즈팬은 정신없이 일어나 주변을 두리번거렸다.

"오빠, 무슨 소리야? 오빠가 호수에 빠진 뒤 난 오빠가 죽은 줄 알았다고. 그런데 하늘이 개고 호수가 잔잔해지더니 노를 껴안은 오빠가 호숫가로 밀려왔어. 오빤 물을 왈칵 쏟아 내고 한참 누워 있다가 지금 깨어난 거야."

"아, 그렇구나. 어쨌든 널 다시 만나서 다행이야!"

"오빠가 깨어나서 정말 기뻐. 이제 오빠 말 잘 듣고, 보트 태워 달라고 조르지 않을게."

수피아는 피즈팬의 두 손을 꼬옥 잡았다. 새침데기인 줄만 알았던 수피아가 자신을 이렇게 걱정해 주다니, 피즈팬은 다른 때보다 수피아가 더 예뻐 보였다.

한편 피즈팬은 안드리아 공주가 무척 걱정되었다.

'안드리아는, 크래시 일당은 어떻게 되었을까?'

피즈팬은 안드리아와 겪었던 일이 벌써 아주 먼 옛날 일처럼 느껴졌다.

축하합니다.

당신은 모든 스테이지를 통과했습니다.

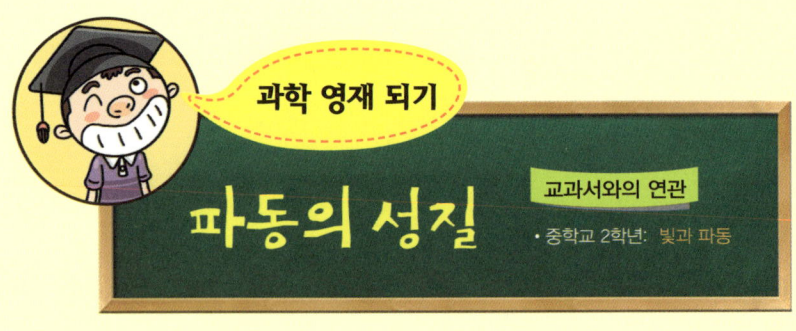

파동의 반사

파동이 벽에 부딪혀 반사될 때는 어떤 규칙이 있을까요?

앞에서 빛은 파동이라고 배웠어요. 빛은 거울에 반사될 때 들어간 각도와 반사되어 나오는 각도가 같아요.

모든 파동도 빛의 반사처럼 벽에서 반사될 때 들어간 각도와 반사되어 나오는 각도가 같습니다.

소리도 음파라는 파동이므로 파동의 반사 법칙을 따라요. 여기서 하나 더 기억해야 할 것이 있는데, 파동이 벽에 비스듬히 들어가지 않고 수직으로 들어가면, 반사되는 파동도 수직으로

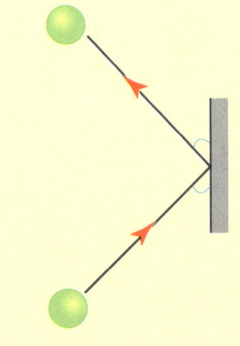

파동은 반사될 때 들어간 각도와 나오는 각도가 같습니다.

나온다는 거예요.

이 성질을 소리에 적용해 볼까요?

소리의 반사를 쉽게 몸으로 체험할 수 있는 예가 바로 메아리예요. 우리가 산에 올라가 맞은편 산을 바라보며 '야호' 하고 외치면, 맞은편 산에서 '야호' 하는 대답이 울려와요. 이 대답이 바로 메아리인데, 소리가 반대편 산에 부딪친 후 되돌아와 우리 귀에 들어오는 거예요.

소리의 반사를 이용하는 예로, 바다의 깊이 측정을 들 수 있어요. 깊고 깊은 바다 속 깊이는 어떻게 잴까요?

먼저, 배를 타고 가면서 배 밑에서 소리를 바다 바닥으로 보내요. 그러면 소리가 바닥에 부딪친 다음, 반사되어 배 밑바닥으로 되돌아옵니다. 이 시간을 측정하면 바다 밑바닥까지의 거리를 알 수 있어요. 이 방법으로 깊은 바다의 깊이를 잽답니다.

초음파와 초저주파

소리의 높낮이를 결정하는 건 소리의 진동수예요. 예를 들어 진동수가 264 Hz면 고막은 1초에 264번 진동하는데, 그

소리가 바로 '도' 음에 해당돼요. 또 '미' 음은 330 Hz예요.

사람은 모든 진동수의 소리를 들을 수 있을까요?

그렇지는 않아요. 사람이 들을 수 있는 소리의 진동수는 20 Hz에서 20000 Hz 사이예요. 그러므로 진동수가 20 Hz보다 작은 소리는 들을 수 없는데, 이것을 **초저주파**라고 해요. 하지만 코끼리와 같이 덩치가 큰 동물은 이런 소리를 낼 수 있고, 들을 수도 있다고 합니다.

마찬가지로 20000 Hz보다 진동수가 큰 소리는 사람이 들을 수 없는데, 이것을 **초음파**라고 해요. 초음파를 들을 수 있는 동물로는 박쥐나 돌고래 등이 있답니다.

코뿔소는 초저주파음을 사용하여 다른 코뿔소를 부릅니다.

박쥐는 먹이를 찾고 위치를 알기 위해서 초음파를 사용합니다.

파동의 굴절

빛이 공기 중에서 물속으로 들어갈 때 수면에서 꺾여 진행됩니다. 이러한 현상을 빛의 굴절이라고 해요.

파동의 경우도 매질이 달라지면 꺾이는데, 이러한 현상을 **파동의 굴절**이라고 합니다. 파동의 굴절은 매질이 달라질 때 파동의 속도가 달라지기 때문에 일어나요. 일반적으로 파동은 매질이 단단할수록 빠르게 전달된답니다.

소리는 공기의 진동이 퍼져 나가는 파동입니다. 그럼, 소리도 굴절할까요? 물론이에요. 소리의 굴절은 온도와 관계가 있습니다.

낮에는 땅 근처에 있는 공기가 뜨겁고 위쪽 공기는 차가우므로, 땅 근처에서의 소리의 속도는 빠르고 위쪽에서는 느려요. 그러므로 소리는 위로 굴절됩니다. 즉, 낮에는 소리가 위로 올라간답니다.

반대로, 밤에는 땅 근처의 공기가 차갑고 위쪽이 더우므로, 소리가 아래쪽은 느리고 위쪽은 빨라요. 따라서 소리는 다음의 그림과 같이 아래로 굴절됩니다.

소리의 굴절은 온도와 관계있어 낮에는 위로, 밤에는 아래로 굴절됩니다.

생활 과학 카페

천둥이 칠 때 낮은음만 길게 여운으로 남는 이유

우르르 쾅~!
 천둥은 어떻게 만들어질까요?
 번개가 치면 순간적으로 주위가 뜨거워집니다. 그때 뜨거워진 공기의 부피가 갑자기 커지면서 주변의 공기들을 떨게 하여 천둥소리가 만들어집니다.
 천둥소리는 낮은음에서 높은음까지 모든 음을 포함하고 있지만, 높은음은 공기 중으로 퍼져 나가는 동안 모두 사라지고 낮은음만이 먼 곳까지 진행됩니다.
 번개가 친 곳에서 150미터 거리는 날카로운 높은음이 들리고, 수 킬로미터 떨어진 곳에서는 높은음이 모두 사라져 낮은음만 들립니다. 그러나 25킬로미터 이상 떨어진 곳에서는 천둥소리가 들리지 않는 답니다.

> 기본 다지기

1. 산봉우리에서 맞은편 산을 향해 '야호'하고 소리친 뒤 2초 후에 메아리 소리를 들었다. 두 산 사이의 거리는 얼마인가?(단, 소리의 속력은 초속 340미터다.)

    a) 34미터　　　　b) 340미터　　　　c) 680미터

2. 다음 중 초저주파를 들을 수 있는 동물은?

    a) 사자　　　　　b) 토끼　　　　　c) 쥐

3. 박쥐가 어둠 속에서 벽에 부딪치지 않는 것은 파동의 어떤 성질과 관계있는가?

    a) 파동의 반사　　b) 파동의 굴절　　c) 파동의 간섭

서프라이즈 진실 혹은 거짓

1. 돌고래는 초음파를 들을 수 있다.
   - ☐ 진실   ☐ 거짓

2. 붉은빛이 물속에서 굴절되면 노란빛이 된다.
   - ☐ 진실   ☐ 거짓

3. 모닥불 반대쪽에 있는 물체는 흔들려 보인다.
   - ☐ 진실   ☐ 거짓

알쏭달쏭 내 생각

속담학회는 우리나라의 여러 가지 속담이 과학적인 근거가 있다고 주장하며, 그 대표적인 예로 '낮말은 새가 듣고 밤말은 쥐가 듣는다.'라는 속담을 꼽았다. 그러자 과학학회는 이 속담이 과학적이라는 것은 말도 되지 않는다며 속담학회의 주장을 반박했다.

두 학회 중 어느 학회의 주장이 옳을까? 여러분의 생각은?

기본 다지기

1. b) 소리가 반대쪽 산까지 가는 데 1초 걸렸고 소리는 1초에 340미터를 가므로, 두 산 사이의 거리는 340미터다.

2. a) 초저주파는 덩치가 큰 동물이 들을 수 있다.

3. a) 박쥐는 초음파를 내보내 동굴 벽에서 반사되는 초음파가 자신에게 돌아오는 데 걸리는 시간으로 벽과의 거리를 잰다.

서프라이즈 진실 혹은 거짓

1. 진실

   사람은 2만 Hz까지의 소리를 들을 수 있다. 그리고 이보다 진동수가 높아서 사람이 들을 수 없는 소리를 '초음파'라고 하는데, 이런 초음파를 들을 수 있는 동물로는 돌고래, 개, 박쥐 등이 있다.

2. 거짓

   빛이 다른 매질로 인해 굴절되더라도 진동수는 변하지 않는다. 진동수가 변하지 않으면 빛의 색도 변하지 않으므로, 굴절된 붉은빛 역시 여전히 붉은빛이다.

3. **진실**

뜨거워진 공기는 위로 올라간다. 그런데 모닥불에서는 위치에 따라 공기가 많이 올라가는 곳도 있고 적게 올라가는 곳도 있다. 그러므로 모닥불 근처를 지나서 오는 빛은 굴절이 되는데, 이로 인해 정지해 있는 물체가 흔들려 보이는 것이다.

알쏭달쏭 내 생각

답 **속담학회다.**

낮에는 지면에 있는 공기가 뜨겁고 위쪽 공기는 차가우므로, 지면에 가까운 소리의 속도가 빠르고 위쪽의 소리가 느려서, 소리가 위로 굴절된다. 이런 소리는 날아다니는 새의 귀에 잘 들릴 것이다.

반대로, 밤에는 지면에 있는 공기가 차갑고 위쪽이 더우므로 소리의 속도가 아래쪽은 느리고 위쪽은 빨라 아래로 굴절된다. 이런 소리는 바닥을 기어 다니는 쥐의 귀에 잘 들릴 것이다.

| 부록 | 과학자가 쓰는 과학사 |

호이겐스가 쓰는 과학사

크리스티앙 호이겐스
(1629. 4. 14 ~ 1695. 7. 8)

토성의 고리를 발견하다

 안녕하세요. 물리학자 호이겐스예요. 나는 1629년 네덜란드에서 태어나, 만유인력의 법칙으로 유명한 뉴턴과 미분 적분을 발견한 라이프니츠, 그리고 최초로 현미경을 발명하여 세포를 관찰한 훅과 같은 시대를 살았답니다. 나중에 나는 주로 힘과 운동을 다루는 역학 분야와 빛의 성질을 다루는 광학 분야를 연구했어요.

열여섯 살 때까지 개인 과외로 공부한 나는 이 시기에 수학과 물리학에 탁월한 재능을 보였답니다.

나의 아버지는 부자였고, 유명한 시인이었으며, 과학을 무척 좋아했어요. 그래서 아버지는 당시 르네상스 시대의 저명한 많은 사람과 친하게 지냈답니다. 화가 렘브란트, 철학자 스피노자와 데카르트 같은 사람들이 대표적이었어요. 그런 아버지 덕분에 어릴 때 수학자이자 물리학자이기도 했던 데카르트로부터 많은 가르침을 받을 수 있었어요.

1645년부터 1647년까지는 네덜란드의 라이덴 대학에서 법률과 수학을 공부했습니다. 대학을 졸업하자 당시 여러 사람이 그랬던 것처럼 렌즈 연마를 익히고, 잘 만들어진 렌즈로 굴절망원경을 만들어 우주를 관측하기 시작했답니다. 그 결과, 1655년에 토성에도 달이 있다는 것을 처음으로 발견했어요. 내가 발견한 토성의 위성은 '타이탄'이라는 이름의 위성입니다.

토성

그 이듬해에는 토성의 고리를 관측하는 데 성공했습니다. 갈

| 부록 | 호이겐스가 쓰는 과학사 |

릴레이가 처음 망원경으로 보고 토성의 양쪽에 귀처럼 보이는 것이 있다고 해서 토성의 귀로 알려진 것이 사실은 고리라는 걸 알게 되었지요. 즉, 토성이 얇고 평평한 고리로 둘러싸인 행성이라는 것을 내가 처음으로 밝혀냈답니다.

최초의 흔들이 시계 발명

내가 가장 창조적이었던 시기는 1650년부터 1666년 사이였습니다. 이때 나는 많은 업적을 남겼는데, 그중 가장 중요한 것이 시계를 최초로 발명한 거예요.

여러분은 그네와 같이 흔들이 운동을 하는 물체가 제자리로 돌아오는 데 걸리는 시간이 흔들이의 폭과 관계없이 항상 일정하다는 사실을 알고 있지요? 물론 이것은 갈릴레이가 처음 발견한 것으로 흔들이의 '등시성'이라고 부르는 성질입니다.

줄에 매단 물체가 흔들거리는 운동을 할 때, 물체가 제자리로 돌아오는 데 걸리는 시간은 물체의 질량과는 아무 관계없고, 단지 줄의 길이하고만 관계가 있습니다. 갈릴레이는 줄의 길이가 길수록 물체가 제자리로 돌아오는 데 걸리는 시간이 길어진다는 것을 알아냈지요. 나는 이 실험을 조금 더 정교하게 하여 줄의 길이와 물체가 제자리로 돌아오는 데 걸리는 시간 사이에 있는 수학적인 관계식을 처음으로 찾아냈어요.

또한 나는 흔들이의 성질을 이용하면 흔들이가 시계 역할을 할 수 있다고 생각했답니다. 이렇게 해서 발명된 것이 바로 흔들이 시계예요.

빛의 입자설과 파동설

사람들은 나를 빛의 파동설 창시자라고 부릅니다. 당시에 빛의 속성에 대해 처음 의견을 내놓은 과학자는 뉴턴이었어요.

뉴턴은 프리즘을 통해 빛이 일곱 색깔의 빛으로 나뉘는 것을 발견하고, 빛이 일곱 색깔의 서로 다른 입자들로 이루어져 있으며, 이들이 모두 묶여 있으면 흰색을 띤다고 생각했습니다. 이것을 '빛의 입자설'이라고 부릅니다.

즉, 프리즘에서 빨간색은 조금

프리즘

부록   호이겐스가 쓰는 과학사

꺾이고 파란색은 많이 꺾이는데, 이것은 빨간색 입자가 파란색 입자보다 무거워서 방향을 잘 꺾지 못하기 때문이라고 생각했지요. 이것은 무거운 배와 가벼운 보트가 회전할 때, 가벼운 보트가 무거운 배보다 회전하기가 쉬운 이유와 같답니다.

뉴턴은 빛의 반사의 법칙을 입자로써 설명했습니다. 예를 들어 당구대에 부딪힌 공은 들어갈 때의 각도와 나올 때의 각도가 같습니다. 뉴턴은 빛은 눈에 보이지 않는 아주 작고 가벼운 입자들로 이루어져 있어서 벽을 만나면 당구공처럼 튀어나가기 때문에 빛의 반사법칙이 성립한다고 보았습니다.

뉴턴은 빛의 굴절에 대해서도 입자로써 설명했어요. 굴러가던 당구공이 다른 당구공과 만나서 부딪히면 방향이 꺾이게 되는데, 이와 마찬가지로 빛을 이루는 입자가 공기에서 물로 들어갈 때 물 분자들과 충돌하여 꺾이는 것이 '빛의 굴절' 현상이라는 것입니다.

하지만 모든 과학자들이 빛의 입자설을 지지한 것은 아니랍니다. 나는 뉴턴의 입자설에 가장 반대했어요. 그리고 빛이 입자의 성질보다 파동의 성질을 더 많이 가지고 있으므로, 파동으로서 빛을 다루어야 한다고 주장했습니다. 이것이 바로 '빛의 파동설'

입니다.

　파동이란 무엇인가요? 벽에 줄을 매달고 흔들면 줄의 각 지점이 오르락내리락하면서 파도 모양이 생기는데, 이런 현상을 '파동'이라고 부릅니다. 이때 가장 높이 올라간 지점들 사이의 거리를 파동의 키라는 의미로 '파장'이라고 부르지요. 파장은 파동을 이야기할 때 가장 중요한 역할을 한답니다.

　벽에 매달린 줄을 빠르게 흔들면 파장이 짧아지고 느리게 흔들면 파장이 길어집니다. 빠르게 흔든다는 것은 줄에 공급한 에너지가 크다는 것을 의미합니다. 이 에너지는 바로 줄에 생긴 파동의 에너지가 됩니다.

　나는 파동으로서의 빛은 파장이 다르기 때문에 다른 색깔의 빛으로 나타나며, 그중 빨간색의 파장이 가장 길고 파란색이나 보라색으로 갈수록 파장이 짧아진다고 주장했습니다.

　뉴턴과 나는 빛이 입자인가 파동인가를 놓고 심한 논쟁을 벌였는데, 이것이 그 유명한 빛의 입자설 파동설 논쟁입니다. 이 일로 뉴턴은 신경쇠약을 겪기도 했답니다.

부록 호이겐스가 쓰는 과학사

호이겐스의 원리

과연 우리 두 사람의 논쟁은 누구의 승리로 끝이 났을까요? 놀랍게도 논쟁의 승리자는 뉴턴이 아니라 나였답니다.

빛은 반사, 굴절, 분산 외에도 간섭이라는 성질을 가지고 있습니다. 즉 빛과 빛이 만나서 더 밝아지기도 하고 또는 사라지기도 하는데 이것을 '빛의 간섭'이라고 합니다.

뉴턴의 입자설로는 빛의 간섭현상을 설명할 수 없었어요. 하지만 나의 파동설로는 가능했지요. 왜냐하면 두 파동이 만날 때 한 파동의 가장 높은 지점과 다른 파동의 가장 낮은 지점이 서로 만나면 그 지점에서 파동이 사라질 수 있기 때문입니다.

나는 여기에서 그치지 않고, 유명한 호이겐스의 원리를 도입하여 파동이 어떻게 퍼져나가는지를 알아냈어요.

돌멩이를 강물에 던지면 동그란 원이 계속 만들어지지요? 이것은 돌멩이가 떨어진 지점에 생긴 파동이 퍼져 나가는 현상으로 '파동의 전파'라고 합니다. 파동의 가장 높은 부분을 이어준 곡선을 파면이라고 부르는데, 나는 하나의 파면이 만들어진 후 다음 파면이 어떤 모양으로 만들어지는지 알 수 있는 방법을 알아냈습니다.

다시 호수에 돌맹이를 던졌다고 생각해 볼까요? 이때 원을 그리면서 파동이 퍼져 나가지요? 이 원들은 바로 '파면'입니다. 물론 원의 반지름은 점점 커집니다. 하지만 모든 원의 중심은 돌이 떨어진 지점이에요. 이 지점을 파동이 생기는 원천이라는 의미에서 '파원'이라고 부릅니다. 이렇게 파면의 모양이 곡선인 파동을 구면파라고 부르고, 파도가 밀려올 때처럼 파면의 모양이 직선이나 평면인 파동을 평면파라고 부릅니다.

호이겐스의 원리를 정리하면 다음과 같습니다.

파동이 전파될 때 파면 위의 모든 점에서 각각의 점을 새로운 파면으로 하는 이차적인 구면파가 나타나고, 이와 같은 구면파에 공통으로 접하는 면이 다음 순간의 새로운 파면을 이룬다. 이것을 호이겐스의 원리라고 한다.

호이겐스의 원리를 구면파에 적용해 볼까요?

첫 번째 파면을 이루는 원들에 공통으로 접하는 선을 그리면 원이 됩니다. 이렇게 만들어진 원은 파원으로부터 두 번째 파면이 되는데 이것을 2차 파면이라고 부릅니다. 이런 식으로 3차 파면, 4차 파면 등도 원을 이루지요. 그러므로 호이겐스의 원리를 이용하면 구면파가 어떻게 퍼져나가는지를 알 수 있어요.

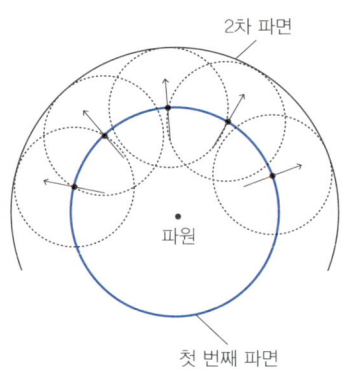

이번에는 호이겐스 원리를 평면파에 적용해 봅시다.

평면파의 첫 번째 파면을 생각해 볼까요? 평면파이므로 이 파면은 직선이에요. 이 파면의 몇 개의 점에서 원을 그린 후, 원에 공통으로 접하는 선을 그립니다. 물론 이 선도 직선이지요. 그러므로 평면파의 2차 파면은 직선입니다.

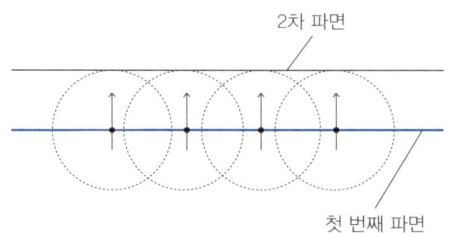

나는 1690년 파동으로서의 빛에 관한 모든 설명과 파동의 전파에 관한 호이겐스의 원리에 대한 내용을 묶어 《빛에 관한 논고》라는 책을 출판했답니다. 그보다 훨씬 전인 1658년에는 《시계》라는 책을 발표하고, 1673년에는 《흔들이 시계》를 출판하여 흔들이 시계의 모든 과학적 원리를 설명하기도 했지요. 그밖에 충돌과 구심력에 관한 연구는 내가 죽은 후, 1703년에 《충돌에 의한 물체의 운동에 대하여》라는 책으로 정리되었습니다.

GO! GO! 과학특공대 12

흔들흔들 **파동**

지은이 • 정 완 상
펴낸이 • 조 승 식
펴낸곳 • 도서출판 이치 사이언스
등록 • 제9-128호
주소 • 01043 서울시 강북구 한천로 153길 17
홈페이지 • www.bookshill.com
전자우편 • bookshill@bookshill.com
전화 • 02-994-0583
팩스 • 02-994-0073

2011년 11월 10일 제1판 1쇄 발행
2018년 2월 10일 제1판 4쇄 발행

가격 7,500원

ISBN 978-89-91215-55-9
978-89-91215-70-2(세트)

• 잘못된 책은 구입하신 서점에서 바꿔 드립니다.

GO! GO! 과학특공대 시리즈

1. 가장 위대한 발명 **수**
2. 끼리끼리 통하는 **암호**
3. 구석구석 미치는 **힘**
4. 찌릿찌릿 통하는 **전기**
5. 온도와 상태를 변화시키는 **열**
6. 세상의 기본 알갱이 **원자**
7. 수·금·지·화·목·토·천·해 **태양계**
8. 몸무게가 줄어드는 **달**
9. 끝없는 초원에서 만난 **아프리카 동물**
10. 숨 쉬고 운동하는 **식물의 생활**
11. 달려라 달려 **속력**
12. 흔들흔들 **파동**
13. 세어볼까? **경우의 수**
14. 울려라 울려 **악기과학**
15. 초록 행성 **지구**
16. 보글보글 **기체**
17. 조각조각 **분수**
18. 반사하고 굴절하는 **빛**
19. 무게가 없는 **무중력**
20. 나눌까 곱할까? **약수와 배수**
21. 꾹꾹 눌러 **압력**
22. 뛰어 보자 **수뛰기**
23. 둥둥 뜨게 하는 **부력**
24. 외계에서 온 **UFO**
25. 쉽고 빠른 셈셈 **셈**
26. 우리의 가장 오랜 친구 **곤충**
27. 밀고 당기는 **자석**
28. 신기하고 놀라운 **삼각형**
29. 맞혀 볼까? **확률**
30. 한눈에 쏙쏙 **통계**

다음 책들이 곧 여러분을 만날 준비를 하고 있습니다.
많이 기대해 주세요.

- 사각형
- 비율
- 도형
- 놀이동산
- 도구
- 액체
- 화학반응
- 용액
- 숲속의 벌레
- 우리 주위의 동물
- 세계 곳곳의 동물
- 새
- 여러 종류의 동물
- 소화
- 인체
- 지구 변화
- 날씨
- 지질시대
- 바다